Andrea Morgenstern

ICH SUCHTE HEILUNG UND FAND

mich selbst

Wie auch du deine ureigene
Lebenskraft entdecken kannst

kailash

MIX
Papier aus verantwortungsvollen Quellen
FSC www.fsc.org **FSC® C083411**

Verlagsgruppe Random House FSC® N001967

1. Auflage
Deutsche Erstausgabe
© 2019 Kailash Verlag, München
in der Verlagsgruppe Random House GmbH
Neumarkter Str. 28, 81673 München
Lektorat: Verlagsservice Dr. Ulrich Mihr
Umschlaggestaltung: ki 36, Sabine Krohberger Editorial Design, München
Satz: Buch-Werkstatt GmbH, Bad Aibling
Druck und Bindung: CPI books GmbH, Leck
Printed in Germany
ISBN 978-3-424-63186-9

www.kailash-verlag.de

Besuchen Sie den Kailash Verlag im Netz

*Meiner spirituellen
Laufpartnerin Carina gewidmet*

INHALT

VORWORT

GLÜCK KOMMT NICHT, ES ist immer da. Wir können
es nur nicht immer spüren, auch wenn es tief in uns ist. Denn
manchmal wird es von unseren Gedanken, Gefühlen und Problemen überlagert so wie die Sterne am Abendhimmel vom Licht
der Großstädte. Kennst du auch dieses Gefühl, dass das Leben an dir vor-
beizieht, während du in alten, sich ständig wiederholenden
Mustern, in Schmerz, Traurigkeit und Ängsten gefangen bist?
Denkst du manchmal, dass niemand dich so richtig versteht,
und fühlst dich allein oder gar einsam? Wurdest auch du verlassen, gemobbt, missbraucht? Oder steckst fest in diesem zer-
mürbenden Kreislauf aus Schmerz, Hoffnung, Enttäuschung
und neuerlichem Schmerz ...?

All diese Gefühle und Gedanken sind mir nur zu vertraut. Ich
weiß noch, wie ich vor Jahren in den Spiegel blickte und so angewidert war von mir, so voller Selbsthass gegenüber meinem
ungeschminkten, nackten Anblick, dass mir die Tränen kamen.
Ich erinnere mich an Momente voller Einsamkeit, Wut und

Verzweiflung. Momente, in denen der Schmerz mich vom Leben abschnitt und ich nicht mehr wusste, wie ich ihn noch aushalten sollte. Einen Schmerz, für den andere mich belächelten, weil sie nicht nachvollziehen konnten, wie es ist, starke Migräne zu haben und mehr als die Hälfte der eigenen Lebenszeit in abgedunkelten Räumen zu verbringen.

Während alles in mir danach hungerte, frei von Schmerzen zu sein und einfach nur zu leben, geriet ich in so manche Sackgasse. Bis ich eines Tages völlig unverhofft einen Augenblick der Klarheit, der Erkenntnis erfuhr, in dem sich einfach alles änderte. Es war, als wachte ich nach einem langen, bedrückenden Traum endlich auf. Mit einem Mal erkannte ich, dass die Migräne in Wahrheit keine Krankheit war, sondern der Anfang meines Heilungsprozesses. Der Anfang der Erinnerung, der Rückbesinnung auf den Menschen, der ich wirklich bin.

Von klein auf hatte ich auf die Stimme in meinem Innern gehört, die voller Selbstzweifel und Ablehnung war. Doch plötzlich gesellte sich eine neue Stimme dazu – eine, die sich ihrer selbst völlig sicher war. Die mir sagte, dass der Weg der Heilung mich zu mir selbst führen würde, zu meinem inneren Wesenskern, der immer schon heil gewesen war und immer heil sein würde. Es schien auf einmal um etwas viel Größeres zu gehen, als auf physischer Ebene zu heilen.

Kennst du dieses plötzliche Gefühl von innerer Klarheit? Manchmal wissen wir genau, was passieren wird, wer uns anruft und wer nicht, was unser Gegenüber uns sagen will und was wahr ist und was nicht. Genauso fühlte es sich für mich an. Ich wusste es einfach. Ich wusste, dass ich tief in mir gesund war. Wusste, dass ich meine Heilung, mein Glück ab sofort selbst in der Hand hatte.

Glücklich ist, wer das Leben zulässt. Wer sich nicht dagegen wehrt, sondern die Balance schafft zwischen dem Anerkennen all dessen, was ist, und dem Kreieren, wonach das Herz sich sehnt.

In meinem Innern tat sich eine große Kraftquelle auf, die es mir ermöglichte, mich voller Energie auf den Weg zu mir selbst zu machen.

In den folgenden Monaten wandte ich mich mir selbst zu und entwickelte nach und nach Mitgefühl mit mir. Ich lernte mich kennen und verstehen. Jahrelang war ich umhergeirrt auf der Suche nach Lösungen, doch nun öffnete sich mir der Weg, der mich von der Ablehnung und dem Schmerz hin zur Selbstliebe führte. Meine erste Wegmarke war das *Anerkennen meines Selbst*, die zweite das *Loslassen*. Mit einem Feuerritual verabschiedete ich mich von der Migräne und meiner Opferrolle. Und ich dankte dem Schmerz und erkannte ihn an. So gelangte ich zur dritten Wegmarke, der *Selbstverantwortung*. Ich lernte zu verstehen und zu vergeben – ein längerer Prozess, in dessen Verlauf sich mein Vertrauen in das Leben entwickelte. So fand ich schließlich zur vierten Wegmarke, der *Lebenskraft*. Eine der intensivsten Erfahrungen während dieser Entwicklung war die Erkenntnis, dass ich in diesem Universum nicht fallen, nicht abstürzen, nicht verloren gehen kann, da ich tief in mir immer die Kraft haben werde, mich selbst aufzufangen. So wie wir alle. So wie auch du.

Noch in der Nacht, nachdem ich meinen Moment der Klarheit erlebt hatte, tippte ich den Titel des vorliegenden Buches in den

Computer. Ich wollte andere an diesem heilsamen Prozess teilhaben lassen: Menschen, vor allem Frauen, die sich wünschen, ihr Leben endlich selbst in die Hand nehmen zu können, statt darauf zu warten, dass das Glück eines fernen Tages doch noch vorbeikommt ... Soul Sisters – Seelenschwestern –, die sich selbst wirklich lieben lernen wollen.

Dieses Buch enthält all die Worte, die mir auf meinem Weg geholfen haben, all die Erkenntnisse, Erfahrungen, Theorien. Ich selbst fand letztlich meine Berufung und Leidenschaft im Coaching, in Podcasts, in Workshops und Retreats.

Als Holistic Coach möchte ich dir auf den folgenden Seiten Möglichkeiten aufzeigen, die dir offenstehen, um dein Leben neu zu inszenieren – von der Opfergeschichte zur Heldinnenreise. Und ich möchte dir Mut machen, dich auf deinem ganz persönlichen Weg unterstützen. Denn die Reise zu uns selbst kann uns manchmal ein wenig ängstigen.

Doch wir müssen nicht warten, bis wir immer verzweifelter werden, uns immer weiter verstricken in den Reinszenierungen unserer schmerzhaften Glaubenssätze und Erfahrungen. An welchem Punkt unseres Lebens wir uns auch befinden: Wir können *jetzt* die Entscheidung treffen, zu vertrauen und zu heilen.

Ich weiß aus tiefstem Herzen, dass es sich lohnt, nicht aufzugeben. Ich weiß, dass ein Weg aus der dunkelsten Höhle hinauf ins Licht möglich ist. Und zwar ganz aus uns selbst heraus! Denn all das, was du dir wünschst, und all das, was du brauchst, ist bereits in dir. Du musst dich nur an dein Urwissen und deine Urkraft erinnern, um dein wahres Ich, dein pures Sein wieder sehen und fühlen zu können.

In Wahrheit glaube ich nicht, dass wir es je verloren haben. Wir haben nur geschlafen, haben geträumt und sehen wie durch einen Schleier. Manchmal weht der Wind des Lebens ihn ein wenig zur Seite, und wir können erahnen, was sich dahinter befindet ...

Du bist nicht allein. Wir sind alle auf diesem Weg, jeder in seinem Tempo und zu seiner Zeit, auf seine Art und Weise.

EINLEITUNG:
VOM LOSLASSEN
UND FINDEN

HAST DU DICH EINMAL gefragt, was für ein Mensch
du wärst, wenn du mehr Zeit für dich hättest? Wenn du immer
deine Wahrheit sprechen würdest? Was du tun würdest, wenn
du nicht auf deine Ängste hören würdest? Wenn du nicht jeden
Satz glauben würdest, den es in dir denkt? Was wäre dir möglich,
wenn dir egal wäre, was andere über dich denken?

Wir alle ängstigen uns vor dem, was außerhalb unserer gewohnten Komfortzone liegt, so unangenehm sie sich manchmal auch
anfühlen mag. Denn trotz Krankheiten, toxischer Partnerschaf-
ten oder eines Jobs, der uns nicht ausfüllt und uns manchmal
den letzten Nerv raubt, wartet jenseits des Gewohnten die Un-
gewissheit – und die macht Angst. Denn wer garantiert uns, dass
wir nach einer Veränderung am Ende nicht noch weniger haben werden als bisher? Vielleicht haben wir nicht mehr verdient? Vielleicht sind wir nicht gut genug, um mehr erwarten zu
dürfen? Vielleicht ist unser jetziges Leben tatsächlich schon das
Beste, das wir bekommen können?

Meist gehen wir davon aus, dass es sicherer ist, dort zu verharren, wo wir uns gerade befinden. Dabei lassen wir außer Acht, dass diese Sicherheit nur ein trügerischer Schein ist, der uns Lebensfreude und Energie kostet. Eine Krankheit kann chronisch werden und sich verschlimmern. Ein Partner kann eigene Wege gehen und uns verlassen. Und auch der ungeliebte Arbeitsplatz kann Personaleinsparungen zum Opfer fallen. Sicherheit finden wir nicht im Außen, sondern letztlich nur in uns selbst. Wenn wir unser Sicherheitsbedürfnis dennoch mit Äußerem befriedigen, werden wir schnell ins Wanken geraten, sobald sich die äußeren Gegebenheiten verändern.

Der Weg nach innen geht weit über die Erkenntnis hinaus, dass unser Leben voller Scheinsicherheiten ist. Und er kann neue Ängste wecken. Denn wir ahnen, dass das, was tief im Innern auf uns wartet, einen Abschied von Vertrautem bedeutet. Und das betrifft nicht allein das Feld der Gesundheit, der Beziehungen und des Berufs, sondern auch Angewohnheiten, Muster und Glaubenssätze, die unserem wahren Selbst nicht wirklich entsprechen, die uns nicht länger dienen und die wir auf unserer Reise großenteils hinter uns lassen werden.

Meist spüren wir Schmerz, wenn wir diese Dinge hinterfragen, verändern und loslassen. Deshalb scheuen wir Veränderungen – um diesen Schmerz nicht zu spüren. Wir leiden lieber – ob bewusst oder unbewusst – Tag für Tag am »Altbewährten«, statt den mutigen Schritt ins Ungewisse zu wagen. Doch dieser neue Weg führt uns zum großen Licht, zu einem Gefühl von wahrer Freiheit und Lebensfreude. Im ersten Teil dieses Buches werde ich dir diesen Weg anhand meiner ganz persönlichen Geschichte schildern.

Wenn wir ein Leben leben, das uns nicht wirklich entspricht, macht uns das auf Dauer krank. Vielleicht geht es dir wie mir auf meinem Weg, und du würdest dich gern von all dem lösen, was dir nicht entspricht. Doch es fällt uns oft schwer herauszufinden, wer wir wirklich sind, welche Wünsche unsere eigenen sind und welche die der Familie, des Partners oder der Partnerin, des sozialen Umfelds, der Gesellschaft.

Viele Menschen stellen im Alter fest, dass sie vergessen haben zu leben. Weil ihnen immer der Mut zu fehlen schien: Mut, für sich einzustehen, sich zu begegnen, sich zu erfahren und zu entfalten. Mit den Übungen und Inspirationen in Teil 2 dieses Buches möchte ich dich darin unterstützen, diesen Mut und das dazugehörige Selbstvertrauen zu entwickeln, um neue Wege zu gehen – *eigene* Wege. Und Spuren zu hinterlassen.

Ein glückliches Leben bedeutet für mich, all die menschlichen Erfahrungen, all die Emotionen und Gedanken in mir geschehen zu lassen und von ihnen zu lernen, ohne an ihnen festzuhalten. Das ist für mich wahre Freiheit. Und Freiheit ist für mich Glück. Freiheit im Herzen. Sie erlaubt mir, mich immer wieder für die Liebe zu entscheiden und ihr zu folgen.

Immer dann, wenn wir unserem wahren Selbst näherkommen und mit ihm in Einklang sind, verbinden wir uns mit unserer Lebenskraft und erfahren das pure Glück in uns.

Doch was ist dieses Selbst überhaupt? Und kann man sich wirklich selbst gefunden haben?

Das Selbst ist für mich kein Ort und auch kein statischer

Zustand, kein fester Kern, der immer gleich bleibt. Es ist eine Dimension, die wir erfahren können. Im Kontakt mit dieser Dimension lösen wir uns von der Illusion der Getrenntheit und erkennen das allumfassende Einssein mit allem, was existiert. Dabei machen wir die tiefe Erfahrung unseres natürlichen Zustands – des Heilseins.

Vielleicht hast du solche Momente der Einheit, der alles umfassenden Harmonie bereits erlebt ... am Meer, auf einem Berggipfel, im Wald, in der Liebe ...

»Das höchste Gefühl ist die Erfahrung der Einheit mit Allem-was-ist. Dies ist die große Rückkehr zur Wahrheit, welche die Seele ersehnt. Dies ist das Gefühl vollkommener Liebe.«

NEALE DONALD WALSCH

In uns ist alles bereits heil und gut, unabhängig davon, wie es sich in unserem Alltag gerade anfühlen mag. Ist diese Erkenntnis für dich wirklich spürbar, dann wird sie zu einer konstanten Energiequelle. Deine Lebenskraft beginnt wieder zu fließen, du lernst zu vertrauen, bei dir zu bleiben und dem Fluss deines eigenen Lebens zu folgen.

Der Weg zu unserem wahren Selbst kann voller Hindernisse sein. Ich hörte früh von Menschen, zu denen ich aufschaute, dass ich fett, hässlich und dumm sei. Ich glaubte diese Aussagen, obwohl sie nichts mit mir, sondern nur mit dem Schmerz derjenigen zu tun hatten, die all das zu mir sagten.

Für mein kindliches Ich wirkten die Worte wie eine logische Begründung dafür, warum ich so viel Schmerz erfuhr und mich oft schlecht fühlte. Es lag einzig und allein an mir!

Kinder beziehen generell erst einmal alles auf sich. Und so wuchs in mir ein Gefühl der Schuld – Schuld für all das Schmerzhafte in meinem Innern und um mich herum. In den darauffolgenden Jahren entfernte ich mich immer mehr von mir selbst, bis ich den Zugang zu mir fast verloren hatte.

Irgendwann bildete ich mir ein, genau zu wissen, wer ich sei. Ich hatte meine Rolle so oft geprobt, dass ich sie nicht mehr von meinem wahren Selbst unterscheiden konnte. Und ich bin mir sicher, dass es nicht nur mir so erging. Dass nicht nur ich mich so oft angepasst und versucht habe, etwas zu sein, das ich nicht bin. Um mich geliebt zu fühlen.

ÜBUNG

Kennst du das vielleicht auch aus deinem Leben?

Was hast du getan, das du eigentlich nicht tun wolltest?

Was hast du getan, um es anderen recht zu machen und so zu sein, wie sie dich haben wollten?

Was gab es für unausgesprochene Erwartungen, die dein Umfeld an dich hatte?

Warum hast du das gemacht?

Wonach hast du dich in Wahrheit gesehnt?

Welches Bedürfnis wolltest du damit befriedigen?

_____

_____

_____

_____

_____

Ich selbst hatte mich so weit von mir entfernt, dass ich lange Zeit Hilfe und Heilung im Außen gesucht habe – vergeblich. Erst in jenem besonderen Moment der Klarheit wusste ich, dass in mir selbst ein heiler Lebenskern existiert. Die Erkenntnis war überwältigend. Sie stellte alles auf den Kopf, was ich bisher geglaubt und getan hatte.

Du kannst einen ähnlichen Weg gehen, kannst warten, bis der Schmerz die Schichten um dich herum aufbrechen lässt und dir einen Blick auf dein wahres Selbst gewährt. Du kannst dich aber auch jetzt, in genau diesem Moment, entscheiden, darauf zu vertrauen, dass dieses wahre, heile Selbst bereits in dir ist. Dann wird dein Weg lichter sein, und du wirst schon bald mit deinem tiefsten Innern in Kontakt kommen.

Lebenskraft, Freude und Harmonie können aus Schmerz erwachsen. Doch sie beruhen auf Vertrauen: dass das Leben mit all seinen Facetten nicht gegen, sondern immer für dich ist.

»Die Wunde ist der Ort,
an dem das Licht in dich eintritt.«

RUMI

Auf den folgenden Seiten möchte ich meine persönliche Geschichte mit dir teilen. Dabei dreht es sich in Wahrheit nicht um mich; mein Befinden, meine Erlebnisse sind hier zweitrangig. Vielmehr geht es mir um dich und dein Leben – deshalb ist dies auch ein Buch zum Mitmachen, es soll ganz deines werden. Beobachte, welche Gedanken und Gefühle dir beim Lesen und in der Zeit danach kommen. Lass sie einfach auftauchen, notiere sie, wenn du möchtest, und lass sie dann auch wieder gehen.

Als Seelenschwester möchte ich dich dazu einladen, dein Herz und einen Raum in dir für Gedanken und Ideen zu öffnen, denen du sonst vielleicht nicht so oft begegnest. Lass die Worte auf dich wirken, und wenn du dieses Buch gelesen hast, dann schau ganz in Ruhe, was du behalten und für dich nutzen möchtest und was wieder gehen darf.

Meine Worte beinhalten keinen Anspruch auf Allgemeingültigkeit, sie sind mein persönliches Angebot an dich. Mein tiefstes Herzenswissen. Ich öffne mein Herz, teile mutig meine Gedanken und Gefühle mit dir und lade dich ein, das auch zu tun. Bist du dabei?

AUF DER SUCHE
NACH
HEILUNG

TEIL
1

»Heilung bedeutet, dass der Mensch erfährt,
was ihn trägt, wenn alles andere
aufhört, ihn zu tragen.«

WOLFRAM VON ESCHENBACH

DIE SEELISCHE ENTWICKLUNG EINES Menschen
kann man sich bildhaft wie eine Zwiebel vorstellen. In der Mitte
befindet sich unser Wesenskern, und drum herum liegen die
einzelnen Schichten unserer Lebenserfahrungen mitsamt ihren
Glaubenssätzen. Manche eher angenehmen Erlebnisse haben
dünne Zwiebelschichten gebildet und andere, besonders prägende und schmerzhafte hingegen eher dicke Schichten. Beim
Blick in den seelischen Spiegel können wir unseren Kern entweder noch gut erspüren, oder aber er verbirgt sich hinter all den
Schichten. In dem Fall können wir nur darauf vertrauen, dass er
existiert, während wir eine Schicht nach der anderen abtragen.

Das Zwiebelmodell, mit dem mich die Psychologin Angelika Gulder während meiner Coaching-Ausbildung vertraut gemacht hat, bezieht all die hinderlichen Glaubenssätze mit ein,
die als unsere »gefühlte Realität« das spiegeln, was wir von klein
auf über die Welt und das Leben denken oder fühlen. Sie sind
aus dem entstanden, was wir als Baby und Kleinkind in Bezug
auf Annahme und Ablehnung, Liebe und Anerkennung, Angst,
Schmerz, Leistung, Misserfolg in uns und um uns herum wahrgenommen haben.

Glaubenssätze können unterstützend sein, wie: »Die Welt ist ein wunderbarer Ort, und ich bin geliebt. Ich bekomme alles, was ich brauche.« Sie können jedoch auch eher beschwerend sein, wie:»Die Welt ist ein unsicherer Ort. Ich muss immer gut auf mich aufpassen.« Ob die Sätze, an die wir glauben, unterstützend sind oder uns eher als hinderlich auf unserem Lebensweg erscheinen, hat verschiedene Ursachen, die wir in den folgenden Kapiteln näher betrachten werden.

Die Auswirkungen der Glaubenssätze auf unser Leben sind immens. In den ersten Jahren erleben wir unsere primären Szenarien, und in den darauffolgenden Jahren wiederholen wir diese Erfahrungen immer wieder. Wir tun dies aus einem einfachen Grund: weil wir davon überzeugt sind, dass die Welt so ist, wie wir glauben, dass sie ist. Dieser Glaube führt dazu, dass wir uns entsprechend verhalten und dadurch wiederum gleiche Erfahrungen erzeugen. Im Umkehrschluss bedeutet es, dass wir immer wieder ganz ähnliche unangenehme Erfahrungen machen, bis wir den Ur-Schmerz in uns anerkannt und geheilt haben.

Dieser Ur-Schmerz speist sich aus unseren allerersten Erfahrungen und geht einher mit der Illusion der Getrenntheit, die wir dann wahrnehmen, wenn wir nicht im Einklang mit unserem wahren Selbst sind.

Jede Wiederholung oder Reinszenierung in unserem Leben bietet also vor allem eine Chance für Heilung. Mit Heilung meine ich nicht, dass wir diesen Prozess brauchen, weil wir sonst nicht heil oder vollständig wären. Ganz im Gegenteil: Wir sind ja bereits heil. Aber wir erkennen es noch nicht.

Jeder alte Schmerz, der durch ähnliche, sich wiederholende Erlebnisse auf sich aufmerksam machen will, möchte gesehen und anerkannt werden. Er wünscht sich unsere Liebe, er möchte da sein dürfen. Deswegen holt sich unser System genau die Erfahrungen in unser Leben, die uns schmerzhaft darauf hinweisen, wo etwas gesehen und integriert werden möchte. So betrachtet ist Schmerz letztendlich eine Form von Energie, die uns zur Veränderung antreiben und uns dabei helfen kann, uns als das zu sehen, was wir wirklich sind: wunderschöne, einzigartige Seelen, die menschliche Erfahrungen machen, um zu wachsen.

Als Coach möchte ich dich darin unterstützen, diesen Weg zu gehen und von innen heraus deine Lebensenergie wieder zum Fließen zu bringen.

Wenn wir einmal verstanden haben, wie all die Dramen unseres Lebens zusammenhängen und wie sie auf alte Wunden hindeuten, können wir anfangen, ein neues Leben zu leben. Wir können annehmen, was auch immer war, ist und sein mag. Denn wir haben das Verständnis dafür gewonnen, dass nichts kommt, um uns zu schaden. Ganz im Gegenteil, es will uns dabei helfen, ganz und heil zu sein. Nichts, was war, muss anders gewesen sein. Das Sichwehren gegen das, was war und ist, hat ein Ende, denn mit der Erkenntnis hat das Vertrauen wieder Raum: Vertrauen darin, dass wir immer genau das bekommen, was für uns und unsere Entwicklung in diesem Moment gerade wichtig ist. Auch wenn uns manches extrem hart erscheint, wird es uns letztlich, wenn wir es angenommen und aufgearbeitet haben, ein großes Stück näher zu uns selbst führen und uns dienlich sein. Das bedeutet andererseits nicht, dass wir alles gutheißen oder keine Konsequenzen für uns daraus ziehen.

ÜBUNG

Wenn du magst, dann schließe jetzt kurz die Augen.
Lege die Hände entspannt auf deine Knie und beobachte
deine Atmung. Sieh in dich hinein und frage dich selbst, wie
es dir mit den ersten Seiten dieses Buches geht.
Was empfindest du?
Was denkt es in dir? Und was wünschst du dir von dir selbst
für die Zeit, in der du dieses Buch liest? Formuliere einen positiven Vorsatz und sage dir diese Intention gedanklich drei Mal.
Mein Vorsatz:

_____

_____

_____

_____

_____

_____

_____

_____

WENN ANGST SCHON FRÜH
DAS SAGEN HAT

»Auch aus Steinen, die dir in den Weg gelegt
werden, kannst du etwas Schönes bauen.«

DIE KINDHEIT KANN VOLLER Zauber sein. Staub-
körner, die im Sonnenlicht wie Sterne glitzern. Schneeflocken,
die auf der Zunge schmelzen. Wohlige Gerüche, Stimmen, die
uns trösten, vorlesen, mit uns singen und die wir mit Liebe und
Geborgenheit verbinden … Jeder Tag birgt neue Abenteuer, und
unsere noch ungebändigte Fantasie schenkt uns das Gefühl, alles, wirklich alles schaffen zu können.

Die Kindheit ist eine Zeit des Entdeckens, und sie ist darüber hinaus eine prägende Zeit. Werden wir von unseren Eltern
oder Bezugspersonen bedingungslos geliebt und wachsen in einer sicheren Umgebung auf, dann lernen wir, in großen Dimensionen zu denken und zu träumen. Die Menschen in unserer
Nähe sind wie ein Netz, das uns auffängt. Wir fühlen uns geborgen und haben die Möglichkeit, unsere Talente und unser Potenzial – all das, was uns innewohnt – möglichst frei zu entfalten.

Noch sind wir völlig abhängig von anderen, auf uns allein gestellt könnten wir nicht überleben. Doch es besteht kein Grund, Angst zu haben, denn für uns wird gesorgt.

Wir sind verbunden mit dem Urvertrauen – den Menschen, uns und dem Leben selbst gegenüber. Zwar erleben wir, während wir heranwachsen, auch Verluste, doch wir haben in uns die Ressourcen, damit fertigzuwerden. Wir halten das aus, denn wir sind nicht allein. Wir tragen zeitlebens die Saat unserer Kindheit in uns, bewahren uns etwas von dem Zauber und dem Vertrauen, das andere in uns gesetzt haben.

All das kann Kindheit sein. Und all das könnte sie uns gegeben haben ...

Die meisten Kinder auf dieser Erde erfahren weder Geborgenheit noch Sicherheit, noch das Glück, bedingungslos geliebt zu werden. Kriege, Armut und Hunger waren und sind für Millionen Heranwachsende Realität. Doch selbst in Friedenszeiten und einem Umfeld sozialer Sicherheit stellt sich oft kein Gefühl von bedingungsloser Liebe ein. Auch Wunschkinder können sich unerwünscht fühlen und den Eindruck haben, immer nur zu stören; Kinder aus finanziell gut gestellten Familien können Existenzängste entwickeln und trotz aller Möglichkeiten, die ihnen offenstehen, Hemmungen haben, sich frei zu entfalten. Das Gefühl, nicht gewollt zu sein, sich anpassen zu müssen, um geliebt zu werden, und die Wünsche an das Leben nicht frei formulieren zu dürfen, kann sich tief in uns einnisten. Auch Suchtkrankheiten, Missbrauch und Gewalt überschatten oft bereits die Kindheit. Im Treibsand des Schmerzes, der Familien über Generationen hinweg gefangen halten kann, finden unsere Wurzeln keinen Halt, und unsere Flügel werden gekappt.

Als Kinder verfügen wir über magisches Denken – wir glauben fest daran, dass wir Einfluss auf bestimmte Ereignisse haben. Logik oder das Gesetz von Ursache und Wirkung haben für uns noch keine Bedeutung. Wir beziehen stattdessen alles erst einmal auf uns selbst. Deshalb denken wir auch, wir sind schuld an dem, was uns und anderen passiert, wir sind nicht genug, wir müssen uns anpassen – und kommen gar nicht auf die Idee, dass es meist Gefühle, Muster und alte Wunden sind, die wir von unseren Eltern und Bezugspersonen unbewusst übernehmen, so wie diese wiederum von den Großeltern und deren Eltern ... Es ist ein Prozess der Übertragung, der ganz automatisch und unbewusst geschieht. Wir kennen es ja nicht anders. Und so passen wir uns an, um dazuzugehören. Um geliebt zu werden.

ÜBUNG

Kennst du das Gefühl,
- unerwünscht zu sein, dich nicht liebenswert zu fühlen?
- immer lieb sein zu müssen, um anerkannt zu werden?
- überflüssig zu sein oder zu stören?
- dich für dich selbst zu schämen?
- deine Bedürfnisse an die zweite Stelle rücken zu müssen?
- dich anpassen zu müssen, um geliebt zu werden?

Hast du dir schon einmal überlegt, dass in Wahrheit nicht du selbst der Grund für diese Gefühle bist, sondern sie sich von deinen Bezugspersonen auf dich übertragen haben? Dass du sie als Realität angenommen hast?
Was löst diese Idee in dir aus?

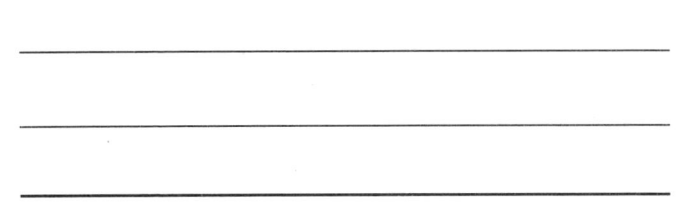

Stellen wir uns unser Leben für einen Moment wie ein Buch mit lauter leeren Seiten vor, die wir im Lauf der Zeit mit unserer Geschichte füllen. So viele Möglichkeiten liegen vor uns, Seiten voller Abenteuer, Gefühle, Entdeckungen, zur freien Gestaltung ... Unsere Bezugspersonen spielen in den ersten Kapiteln – unserer Kindheit – naturgemäß eine große Rolle, um sie dreht sich unsere Welt. Ihre Wunden und Verletzungen aber beeinflussen den Lauf unserer Geschichte. Das schränkt die Entfaltung ein, bestimmt die Richtung mit, die unser persönliches »Abenteuer Leben« nimmt. Solange wir das nicht erkennen, sind wir unfrei, und die Geschichte führt immer weiter weg von dem Kern unseres eigenen Wesens – uns selbst. Auch wenn unsere Eltern uns lieben und ihr Bestes geben, können sie uns nicht davor bewahren, dass ihr eigener Schmerz, ihr eigenes ungelebtes Potenzial sich auf uns auswirkt und in den Herausforderungen unseres Lebens widerspiegeln.

Irgendwann kommt der Punkt, an dem wir uns mit der Geschichte, die wir geschrieben haben, nicht mehr identifizieren können oder wollen. Wir sind unzufrieden mit unserem Leben und spüren, dass etwas Essenzielles fehlt: wir selbst!

An dieser Stelle haben wir grundsätzlich zwei Möglichkeiten: Wir können uns als Opfer der Umstände fühlen, dann wird sich die Geschichte immer wiederholen. Wir können uns aber auch nach innen wenden und uns dieser Abläufe bewusst werden, um uns von den alten Mustern und bisherigen

Glaubenssätzen, die uns beschweren, zu lösen. Dann nehmen unsere schmerzlichen Erfahrungen uns nicht länger das Licht und die Luft zum Atmen, sondern werden zu Chancen, an denen wir wachsen und heilen.

> *Unsere Kindheit prägt uns, doch in uns tragen wir die Fähigkeit und die Kraft, die Muster zu erkennen, achtsam mit ihnen umzugehen, statt uns mit ihnen zu identifizieren, und ihnen dadurch ihre Macht über uns zu nehmen.*

All das wusste ich noch nicht, als ich ein kleines Mädchen war und meine ersten Schritte hinein ins Leben machte …

Eine meiner frühen Kindheitserinnerungen ist, wie ich an einem Sonntagmorgen in meinem einteiligen Schlafanzug in unser Wohnzimmer schlich. Meine Eltern schliefen noch, und ich ging auf Zehenspitzen, damit auch ja keiner mich hörte. Ein starker Geruch nach Zigaretten und Alkohol hing in der Luft. Bierflaschen standen herum, in einigen schwappte noch ein Rest. Ich griff nach einer Flasche, roch daran und nippte am Bier. Der Geschmack war schal, ich verzog das Gesicht, denn ich mochte ihn nicht – aber ich hatte endlich mal probieren wollen, was mein Papa so gerne trank.

An vielen Abenden sagte er auf Plattdeutsch zu mir: »Andi-Maus, kannst du mir noch 'n Bier holen?«

Wenn andere mich »Andi« riefen, konnte ich richtig wütend werden. Nur mein Papa durfte das! Ich mochte es so sehr, wenn er mich Andi nannte. In dem weichen Klang seiner Stimme lag so viel Liebe für mich, und ich war stolz, wenn er mir diese kleine Aufgabe auftrug, die ich ihm gern erfüllte.

An diesem Morgen aber stand ich da, den schalen Geschmack des Biers im Mund, und verstand nicht, was mein Vater daran so mochte. Ich verstand auch nicht, was falsch lief in unserem Familienleben. Denn dass mein Vater trank, war für mich selbstverständlich. Es war mein Alltag, daran war ich von klein auf gewöhnt.

Ich wuchs in einem Umfeld auf, in dem Alkoholismus etwas völlig Normales war. Streit, Geschrei, Angst und der immer wiederkehrende Geruch des abgestandenen Biers waren Teil meiner kindlichen Realität. Ich kannte es nicht anders, und doch spürte ich eine Ambivalenz, die mich verunsicherte. Denn das Bier machte etwas mit den Menschen um mich herum. Auf der einen Seite war da die Liebe meines Vaters, auf der anderen Seite der Alkohol und mit ihm das Unberechenbare, das Gegenteil von Sicherheit und Geborgenheit. Es machte mir Angst, signalisierte Gefahr, die mich vor Schreck erstarren ließ, unfähig, mich zu wehren, zu flüchten, mich anzuvertrauen. Ich fühlte mich ausgeliefert, ohnmächtig.

Seit ich mich erinnern kann, fürchtete ich mich vor Männern und lauten Stimmen. Wenn ich weinte, sagten die Menschen in meinem Umfeld häufig, ich sei zu empfindlich, ein Sensibelchen. »Stell dich nicht so an«, hieß es dann. Oft wurden die Stimmen lauter und rauer, die Luft dicker, und manchmal knallte es.

Als Tochter eines Alkoholikers lernte ich quasi mit der Muttermilch, was ich tun musste, um mich in dem ständig schwankenden Klima der Sucht halbwegs sicher zu fühlen. Sollte ich Papa noch ein Bier bringen, damit er sich freute und lieb zu mir war? Oder lief ich Gefahr, dass seine Stimmung umschwenkte? Alkoholkonsum mindert die Sensibilität für das Umfeld, er geht mit Kontrollverlust einher. Auch wenn mein Vater mich liebte und mir nie Gewalt angetan hätte, brachte seine Krankheit es mit sich, dass er unberechenbar auf mich wirkte. Je nach Situ war es besser, in Deckung zu gehen oder mich anzupassen, mich zurückzunehmen, und möglichst keinen Ärger zu machen. Ich lernte binnen Sekunden abzuschätzen, wie die Stimmung im Wohnzimmer war und was ich tun musste, damit sie nicht (noch mehr) kippte. Das war meine Überlebensstrategie.

Zugleich hatte ich eine wirklich schöne Kindheit, ich durfte viel im Garten spielen, wo ich Labyrinthe für unsere Kaninchen und Meerschweinchen anlegte und Klee für sie pflückte. Oder ich spielte »Küche«. Löwenzahnkringel waren die Nudeln, die ich kochte, und ich würzte sie mit Schafgarbe und Gänseblümchen. Draußen fühlte ich mich unbeschwerter, eins mit der Natur und ihren sanften Geräuschen. Ich erinnere mich an Fahrradausflüge zu zweit am Vatertag, an Picknicke mit der Familie, an lange Sommertage im Freibad und an den nahen Wald mit seinen Geheimnissen. Meine Eltern liebten Musik und tanzten gern. Noch immer entführt mich irische Volksmusik in meine schöne und zugleich bedrückende Kindheit.

Heute bin ich unglaublich dankbar für all die intensiven Momente. Aber damals überschattete die Angst mein Leben. Das Muster der Anpassung schien mir wie eingeimpft zu sein. Meine Antennen wurden immer feiner. Ich spürte all die Erwartungen, die jeder in den anderen setzte, und nahm auch das Unausgesprochene wahr. Irgendwie schien ich anders zu sein, denn ich mochte es lieber ruhig und war aus einer inneren Angst heraus eher still und schüchtern. Selten traute ich mich zu sagen, wenn mich jemand verletzt hatte, lieber fraß ich den Schmerz kleiner und großer seelischer Wunden in mich hinein. Ich sehnte mich so nach Harmonie und hatte Angst, es könnte Streit und Geschrei geben, wenn ich meine Verletzungen zur Sprache brachte.

Nachts hatte ich immer wiederkehrende Albträume, in denen ich meinte, aus dem Bett ins dunkle Nichts zu fallen. Bei Familienfeiern war ich auf der Hut, und sobald Alkohol aufgetischt wurde, spannte sich alles in mir an. Ich hatte oft Angst, etwas falsch zu machen und angebrüllt zu werden, und tanzte regelmäßig wie auf Eiern um die anderen herum. Während ich still war und so tat, als wäre nichts, reagierte mein Körper auf die krankmachende Atmosphäre. Nachts knirschte ich mit den Zähnen, hatte starke Neurodermitis und entwickelte mit sechs Jahren Migräne.

Meine Mutter erlebte ich als eine Frau, die sich selbst meist sehr zurücknahm. Sie regelte unser Leben, hatte mehrere Jobs gleichzeitig und sorgte dafür, dass unsere kleine Welt, und so auch die Welt meines Vaters, Tag für Tag wie gewohnt funktionierte. Als Kind begriff ich natürlich den Mechanismus der Co-Abhängigkeit noch nicht, weder bei ihr noch bei mir: Ich wusste nichts von den Gefühlen und Gedanken, die meine Mutter dazu brachten, dieses System unbewusst durch ihr Verhalten am Laufen zu halten. Ich ahnte auch nichts von ihren Ängsten oder dem zwiespältigen Bedürfnis, ihm zu helfen und sich selbst dabei hintanzustellen. Und so bewegten wir uns alle, jeder für sich, im Strudel der Krankheit, der uns noch eine ganze Weile gefangen hielt.

So wie ich damals dachte, es sei normal, sich Abend für Abend zu betrinken, dachte ich auch, es sei normal, sich ständig wegen allem den Kopf zu zerbrechen und sich unterschwellig schuldig zu fühlen. Ich machte mir über die kleinsten Dinge Sorgen, fühlte mich schlecht und hatte Existenzängste. Ich war noch in der Grundschule, als ich meiner Mutter unter Tränen einen Brief über meine »dramatischen Geldsorgen« schrieb. Statt meiner Schwester ein Geburtstagsgeschenk zu kaufen, hatte ich mein Taschengeld für Süßigkeiten ausgegeben und spürte bohrende Schuldgefühle. Meine Mutter tröstete mich, sie hat den Brief bis heute in ihrer Schublade im Nachttisch liegen. Mich selbst rührt er noch immer sehr, weil ich mich so sehr an dieses Gefühl der existenziellen Angst, Schuld und Scham erinnere.

Wenn meine Gedanken gerade nicht um derartige Gefühle kreisten, dann wertete ich mein Aussehen ab und überlegte niedergeschlagen, wie ich möglichst schnell abnehmen oder auf irgendeine andere Art und Weise anders aussehen könnte. In der Grundschulzeit schenkte meine Mutter mir zum Geburtstag einen glänzenden violetten Badeanzug, über den ich mich riesig freute. Ich fühlte mich so toll in diesem Badeanzug – bis meine Mutter den Fotoapparat zur Hand nahm. Sofort musste ich daran denken, wie ich wohl aussehen würde auf diesem Foto: nämlich mit Sicherheit viel zu dick und mit viel zu weißer Haut. Ganz automatisch fielen mir all die Kinderbücher ein, in denen die Rothaarigen die Tollpatsche waren, die von keinem gemocht wurden – und genau so kam ich mir vor. Dick, unbeholfen, ungeliebt.

Wenn unser Selbstwertgefühl am Boden liegt, kann das auf andere wie eine Einladung wirken, weiter auf uns einzutreten. Und so kam es dann auch, dass andere mich dick und hässlich nannten, auf mich herabsahen und sich besser fühlten, indem sie sich über mich erhoben. All das bestärkte mich in meiner Sicht. Da hatte ich den Beweis: Ich war unzulänglich, nicht gut genug, kurz: selber schuld. Ich verdiente es nicht besser.

Mein Gedankenkarussell drehte sich immer schneller. Ständig fand ich irgendeine Kleinigkeit, um mich schuldig oder nicht gut genug zu fühlen.

Die Klassenfahrt, auf die ich mich so freute, kostete eine Menge Geld. Die angesagten Buffalo Boots, der Gameboy, die echten Sneakers, nicht die von Lidl ... War *ich* das wert? Schenkte mir jemand etwas, das mir nicht gefiel, fühlte ich mich furchtbar. Ich mochte keinen Kuchen, wagte aber nicht, ihn abzulehnen, um die Gefühle anderer nicht zu verletzen. Das Geld für neue Schulbücher und Hefte bereitete mir Bauchschmerzen. Ich sog die Existenzängste meiner Familie förmlich in mich auf und hielt sie für meine eigenen. Vielleicht wäre es einfacher gewesen, wenn ich keine derart feinen Antennen gehabt hätte. So aber lauerte hinter jeder Ecke Gefahr, und jede Erfahrung barg das Potenzial, meine früh entstandenen negativen Glaubenssätze über mich und die Welt zu bestätigen.

Dabei dachte ich die ganze Zeit über, dass all das, was ich erfuhr, normal sei. Ich kannte es ja nicht anders. Und so war ich schließlich überzeugt davon, dass das Leben voller Ängste und unglaublich anstrengend wäre und dass ich unablässig kämpfen müsste, um den Kopf über Wasser zu halten.

Die Migräneattacken, die ich seit der ersten Schulklasse hatte, wurden stärker. Der Schmerz war höllisch, und ich musste mich immer wieder übergeben. Meist dauerten die Anfälle mehrere Tage. Während ich im abgedunkelten Zimmer lag, möglichst ohne Geräusche und Gerüche um mich herum, dachte ich, mein Kopf würde explodieren. Und noch immer gab ich meinen Schuldgefühlen neue Nahrung. Ich fehlte häufig in der Schule, und meine Mutter musste viel Zeit investieren, um mit mir von Arzt zu Arzt zu fahren. Etwa die Hälfte meiner Lebenszeit verbrachte ich mit starken Schmerzen und lag meist den halben Monat über in einem dunklen Zimmer allein im Bett. Ab und zu klopfte meine Mutter an die Tür und manchmal auch mein Vater. Meine Mutter wechselte den Eimer neben meinem Bett. Diese kurzen Besuche vermochten nichts daran zu ändern, dass ich einsam war, mich ausgebremst und vom Leben abgeschottet fühlte. Aber ich hatte es ja nicht anders verdient, oder? Und wollte ich in Wahrheit überhaupt da raus? In dieses Leben, das ich lebte?

Hätte mich in jener Zeit jemand gefragt, was ich von der Welt hielt, so hätte ich gesagt: »Sie ist ein gefährlicher Ort. Man kann nirgends sicher sein. Man muss immer aufpassen, dass einem nichts passiert.«

Unberechenbarkeit, fehlende Sicherheit, auf mich allein gestellt sein – all das waren Erfahrungen, die ich früh gemacht hatte und aus denen sich diese Glaubenssätze in meinem Unbewussten geformt hatten. Vielleicht kennst du das auch – Annahmen über dich und die Welt, die auf dein Selbstwertgefühl und deine Wahrnehmung abzielen. Für mich waren sie wie eine Brille, durch die ich schaute und die meine Wahrnehmung ganz automatisch verzerrte.

INFO

Glaubenssätze entstehen früh in unserer Kindheit durch Erfahrungen mit unserem nahen Umfeld und der Gesellschaft, in der wir aufwachsen. Sie sind tief verinnerlichte Gedanken über uns selbst und die Welt, die wir unbewusst von wichtigen Menschen in unserem Leben übernehmen oder die aus eigenen Erfahrungen entstehen.

Je nach Aussage, die ihnen innewohnt, können sie förderlich oder hinderlich sein, uns gesund oder krank machen. Wie Selbstläufer wirken sie sich auf unsere Wahrnehmung, Gefühle, Gedanken und unser Verhalten aus und können zu selbsterfüllenden Prophezeiungen werden.

Es sind Sätze, an die wir glauben. Sätze, die es in uns denkt.

In Teil 2 dieses Buches arbeiten wir daran, neue, heilende Glaubenssätze zu verinnerlichen.

All die späteren Jahre meiner Kindheit und Jugend bis ins Erwachsenenalter hinein empfand ich mein Leben als eine dramatische Achterbahnfahrt; so tief die Tiefs waren, so hoch waren auch die Hochs. Ich glitt von einem Extrem ins nächste.

Da war die Migräne, die immer mehr Zeit und Raum in Anspruch nahm. Ich gab mich tapfer und wünschte mir so sehr, dass mein Umfeld das anerkannte und mir sagte, wie stark ich sei. In Wahrheit fühlte ich mich klein und unglaublich schwach, wie eine Überlebende, die sich an ein Stück Holz klammerte und durch den weiten Ozean trieb. Die Augen so schwer, dass ich kaum noch nach Hilfe Ausschau halten konnte. Statt Anerkennung und Umarmungen erntete ich eher schnippische Kommentare, wahlweise direkt ins Gesicht oder hinter meinem Rücken. Ich sollte mich nicht so anstellen, ich tat ja bloß so. Vermutlich waren die Menschen, die schlecht über mich sprachen, einfach genauso überfordert wie ich und konnten den Schmerz in meinem Kopf nicht nachvollziehen. Mein Zustand passte nicht in ihre Welt, und so wurde er als unwahr abgetan.

Auf der anderen Seite gab es Tage, an denen es mir gut ging und die ich umso mehr genießen wollte. Ich freute mich über die Sonne, die Blumen, das Licht. Wurde laut statt schüchtern. Doch der Schmerz war so übermächtig, dass ich permanent angespannt war und mich mehr und mehr mit ihm identifizierte. Niemals hätte ich mir vorstellen können, dass es mir einmal so gut gehen würde wie heute. Dass ich das Leben so glücklich und gesund erleben könnte ...

Während der Pubertät wurde ich immer selbstzerstörerischer. Ich war diejenige, die mitten im Französischunterricht auf den Tisch kletterte und laut zu singen begann. Die ihrer Mathelehrerin klarzumachen versuchte, dass es gerade Wichtigeres zu besprechen gäbe als Mathe. Ich war diejenige, deren Lehrer zu Hause anriefen und sagten, dass sie nicht mehr weiterwussten.

Ich war diejenige, die den Wet-T-Shirt Contest gewann. Aber ich war auch das Mädchen in dem Jesus-Freaks-Shirt, das selbst mit Migräne im Weltladen saß und ehrenamtlich dort verkaufte. Das für den guten Zweck auf Demos ging, Waffeln backte und Kinder betreute. Vor allem aber war ich das Mädchen, das nachts in sein Kissen weinte und sich wünschte, gehört zu werden.

Auf mich gestellt, fand ich meine eigenen Überlebensstrategien. Wenn ich gerade keine Migräne hatte, fügte ich mir durch häufiges Erbrechen und Ritzen Schmerzen zu. Ich wurde süchtig nach dieser Form des Highs, des Schmerzes im Alltag, der mir das Gefühl gab, noch lebendig zu sein. Eines Schmerzes, der mich davon abhielt, wirklich unbeschwert und glücklich zu sein, denn das hätte ja nicht zu meinen Glaubenssätzen über mich selbst und die Welt gepasst. Das Ritzen vermittelte mir ein Gefühl von Sicherheit, denn auf diese Weise konnte ich den ewigen Schmerz wenigstens kontrollieren.

Den emotionalen Schmerz und die übermächtige innere Unsicherheit versuchte ich wahlweise mit Essen oder Hungern, Shoppen, Sex, Partys und Alkohol zu betäuben. Ich nutzte, was ich nur kriegen konnte, um meine Achterbahn der Gefühle am Laufen zu halten. Aus Angst, verletzt zu werden, baute ich eine Fassade aus Schminke, coolen Sprüchen und Klamotten auf und ging auf Abwehr – bis ich in der achten Klasse sitzen blieb. Meine Lehrerin sagte zu mir, dass ich gerade nichts anderes im Kopf hätte als Partys, Jungs und Schminken. Und sie hatte recht. Denn das war mein Weg, Bestätigung zu bekommen und mich in dieser Welt irgendwie dazugehörig zu fühlen. Die kleine, ängstliche Andrea war weiterhin ein Teil von mir, aber sie durfte nicht mehr so oft zu Wort kommen. Jetzt hatten andere Respekt vor mir, und so hatte ich zumindest kurzzeitig das Gefühl, in Sicherheit zu sein.

Ansonsten griff ich auf meine früh erlernten Strategien zurück. Mithilfe meiner Antennen fand ich schnell heraus, was bei den Leuten um mich herum am besten ankam, und passte mich ihnen an. Und so entfernte ich mich Monat für Monat immer mehr von mir selbst, bis ich den Zugang zu mir fast verloren hatte. Ich hatte meine Rolle so gut einstudiert, dass ich es nicht einmal merkte, wie ich anderen und mir selbst permanent etwas vorspielte. Ich hatte mein Theaterstück so oft geprobt, dass ich es nicht mehr von der Realität unterscheiden konnte. Und ich bin mir sicher, dass es nicht nur mir so ging.

Heute weiß ich: Ich reinszenierte die Erfahrung des Nicht-sicher-Seins, nährte meine Urangst und bestätigte mir damit, dass die Welt ein gefährlicher Ort sei. Gewalt in der Schule, ungesunde Beziehungsmuster und Co-Abhängigkeit, sexuelle Belästigungen und Missbrauch – auf zahlreiche Arten habe ich in meinem Leben die Erfahrung dieses Ohnmachtsgefühls immer wiederholt.

In der elften Klasse beschloss ich, dass es so nicht mehr weitergehen konnte. Ich hatte schon viel zu viel Lebenszeit damit verbracht, irgendwelche Diäten auszuprobieren, mich gezwungen, viel Sport zu machen oder meinen Tag mit Essen, Hungern und Erbrechen zu verbringen. In Wahrheit hatte ich mir immer gewünscht, jemand würde meinen tiefen Schmerz erkennen. Aber gleichzeitig versteckte ich meine Gefühle so gut hinter der selbstbewussten Fassade, dass niemand nachfragte. Selbst wenn ich mich geritzt hatte, fand ich Ausreden für den Verband. Schließlich erzählte ich meiner Schwester von meinen Essstörungen, und sie sagte, dass ich mit unseren Eltern reden sollte, weil sie es sonst tun würde. Zuerst fand ich das alles andere als gut, aber letztlich war ich ihr dankbar für ihre Klarheit. Und so überwand ich mich und sprach tatsächlich mit meinen Eltern. Mein Papa, der inzwischen bereits viele Jahre trocken war und es bis heute ist, sagte zu mir, wir hätten es schließlich geschafft, durch die Alkoholsucht zu gehen, und würden das jetzt auch hinbekommen. Ich war froh über seine Reaktion, froh, dass ich die Familie als Unterstützung an meiner Seite hatte. Gleichzeitig machte es mir Angst, meine gute alte Freundin, die Essstörung, gehen zu lassen, und zwar unter Beobachtung. Es folgten eine Psychotherapie und ein wenig nützlicher Aufenthalt in der Psychiatrie. Aber ich hatte einen starken Willen und baute langsam ein neues Verhältnis zu meinem Körper und zum Essen auf. Was mir dabei half, waren vor allem die klare Entscheidung, die ich getroffen hatte, und meine Familie. Mein Vater war für mich das beste Vorbild, wie man mithilfe eines starken Willens die Sucht überwinden konnte. Und meine Mutter gab sich viel Mühe, mich und die Essstörung zu verstehen und mich zu unterstützen.

Eigentlich hätte alles gut werden können ... Doch wenn man vorrangig an seinem Verhalten schraubt und die Themen nicht an ihrer Wurzel behandelt, greifen die alten Muster nach einer Weile oft wieder. Vor allem dann, wenn das Leben herausfordernd wird, verfallen wir unbewusst in die Muster, die wir in diesem Leben am meisten geprobt hatten. Ich wusste es ja nicht besser, und als ich mich erneut ohnmächtig fühlte, warteten meine Ängste nur darauf, gefüttert zu werden. Es war wie in der Geschichte über den Kampf zweier Wölfe, die in uns leben, dem guten und dem bösen Wolf. Der Wolf, den man am meisten füttert, gewinnt. Und er tat es auf eine Weise, die mich fast zerbrechen ließ.

Ich war damals in Spanien und unglaublich glücklich dort. Die Migräne war noch immer da, aber nicht so häufig, und ich fühlte mich für meine damaligen Verhältnisse recht wohl in meinem Körper. Bis ein Mann auftauchte, den ich anfangs sehr nett fand. Wir trafen uns ein paar Mal, doch ich spürte, dass er mir nicht wirklich guttat. Als ich merkte, dass er mehr wollte, sagte ich ihm, dass wir uns besser nicht mehr treffen sollten – dass er ein netter Typ sei, ich jedoch keine Beziehung wolle. In dem

Moment brannte bei ihm eine Sicherung durch. Er bedrängte mich und sagte immer wieder, ich müsse nur einen Orgasmus haben, dann würde ich schon merken, was für ein toller Mann er sei. Und während er das sagte, spürte ich den Schmerz seiner geballten Faust in meiner Vagina. Er war Profi-Surfer und mir körperlich eindeutig überlegen. Wir saßen am Strand in einer etwas verdeckten Ecke; hinter uns gingen Menschen auf der Promenade spazieren. Ich wollte mich wehren, aber ich konnte nicht. Ich hatte den Mund aufgerissen und versuchte, mit aller Kraft zu schreien, aber es kam nicht mal der leiseste Ton heraus. Ich hatte so etwas zuvor noch nie erlebt. Es war pure Ohnmacht, der Gipfel dieses Gefühls, das ich so gut kannte. Ich war wie gelähmt und konnte nichts tun, sosehr ich mich auch anstrengte. Meine Panik wuchs und wuchs. Von irgendwoher stieg plötzlich ein tiefer Lebenswille in mir hoch, eine Kraft, die mich wieder stark machte und mir die Möglichkeit gab zu handeln. In mir dachte es nur: Andrea, du musst etwas tun! Wenn nicht jetzt, dann ist es zu spät. Wer weiß, wozu er noch fähig ist!

Als er nach einem Kondom in seiner Hosentasche suchte und mich nur noch mit einem Arm festhielt, wusste ich, dass dies die letzte Chance war. Ich bündelte all meine Angst und schlug ihm mit der Faust die Nase blutig. Dann lief ich auf und davon. Auf meiner weißen Jacke war Blut, ich schluchzte haltlos – und keiner der Menschen auf der Promenade fragte, was mit mir sei. Alle gingen einfach weiter, und ich rannte und rannte, verfolgt von dem Mann, der mir nun auch noch Vorwürfe hinterherschrie, bis ich ihn nach einer langen Stunde Fußmarsch abgehängt hatte.

Ich hatte Schmerzen, fühlte mich gedemütigt und benutzt. Und ich schämte mich so. War ich so wenig wert, dass man so mit mir umgehen konnte? Offenbar! Ein Teil in mir wusste, dass ich nicht schuld war an dem, was passiert war. Aber der andere Teil hatte Angst vor diesem Mann und fühlte sich schuldig. Ich hätte es besser wissen müssen, mich gar nicht erst mit ihm treffen sollen ... Ich war nicht in der Lage, für mich selbst einzustehen und zu erkennen, was wirklich geschehen war: dass ein anderer trotz meines Neins seine physische Überlegenheit ausgenutzt und meine gesteckten Grenzen niedergetrampelt hatte. Mir wehgetan hatte – seelisch und körperlich.

Die Welt war wirklich ein gefährlicher Ort, bestätigte etwas unbewusst in mir – und ich durchlebte eine schmerzliche Reinszenierung meines altbekannten Ohnmachtsgefühls Männern und dem Leben gegenüber.

Ich beschloss, möglichst wenigen Leuten davon zu erzählen und den Vorfall schnell unter den Teppich zu kehren. Denn: »So ein richtiger Missbrauch war das ja irgendwie auch nicht«, sagte ich mir und versuchte, nicht daran zu denken, was geschehen wäre, hätte ich nicht in letzter Sekunde die Kraft gefunden, mich zu wehren.

Die ersten Tage danach war ich wie in Trance. Das Gefühl der konstanten Anspannung, das sich in meiner Kindheit in meine Zellen eingebrannt hatte, kehrte zurück und wurde übermächtig. Ich aß und aß und hatte die schlimmsten Migräneattacken, und das fast täglich. Innerhalb von zwei Monaten nahm ich über zehn Kilo zu. Wenn mein Blick in den Spiegel fiel, fand ich mich selbst fett, hässlich und dumm. Ich war angewidert von meinem eigenen Spiegelbild. All das war ja doch irgendwie meine Schuld gewesen ... Kurz: Ich litt und wurde eine Meisterin darin, mich selbst fertigzumachen.

Zurück in Deutschland ging es mir immer schlechter. Fast jeden Tag hatte ich starke Migräne und musste mich übergeben. Ich schrieb an die Krankenkasse, dass ich nicht mehr weiterwüsste und so nicht mehr leben könnte, und bat um Bewilligung eines Klinikaufenthalts. Aber sie verweigerten mir die Zahlung der Migräne-Klinik. Da saß ich nun, voller psychischer und physischer Schmerzen, in einem gesellschaftlichen System, in dem von mir trotz der Krankheit erwartet wurde zu funktionieren. Einen Pausenknopf schien es nirgends zu geben.

In den folgenden Wochen und Monaten informierte ich mich darüber, wie und wo ich mich euthanisieren lassen könnte. Ich wollte nicht mehr leben, nicht so. Ich lag in meinem kleinen WG-Zimmer in Hamburg, und mein Blick aus dem ersten Stock eines Plattenbaus ließ die trüben Wintertage nicht unbedingt schöner werden. Ich war so müde davon, von Arzt zu Arzt zu laufen und ein Medikament nach dem anderen zu schlucken. Ich war müde davon, immer weiterzumachen, wo doch alles so sinnlos erschien. Tagein, tagaus wachte ich mit starken Schmerzen auf. Während die anderen Studenten Vorlesungen und Seminare besuchten, war ich einfach nur froh, überhaupt einmal aus dem Haus gehen zu können. Ich machte mir Vorwürfe, dass ich zu faul sei, zu schwach, zu sensibel. In Wahrheit war ich erschöpft von den Schmerzen, von immer neuer Hoffnung, Enttäuschungen und all den Medikamenten und ihren Nebenwirkungen. Ich sah einfach keinen Ausweg. Es brach mir selbst das Herz, so intensiv über den Tod nachzudenken. Weil ich das Leben trotz allem liebte. Und weil ich an meinen Freund Joel dachte, der einige Jahre zuvor bei einem Autounfall ums Leben gekommen war. Ich erinnerte mich, wie wir zusammen gelacht und getanzt hatten, so voller Lebensfreude, dass es für alle um uns herum ansteckend gewesen war. Ich war mir sicher, dass Joel nicht freiwillig gegangen wäre. Er hätte mir gesagt, dass es sich lohnte zu bleiben und dass ich es weiter probieren sollte. Und so beschloss ich zu leben. Welch ein großes Geschenk ich mir damit selbst gemacht habe, indem ich mich für das Leben entschied, ahnte ich damals noch nicht.

An meinen Schmerzen und dem Ohnmachtsgefühl, den Ängsten änderte die Entscheidung nichts. Doch trotz allem glomm in mir ein hartnäckiger Funke, der sich nicht ersticken ließ. In klitzekleinen Momenten träumte ich groß und hatte Visionen von einem schöneren Leben – Geschenke, an denen ich mich festhielt, um den nächsten Tag zu überstehen.

Vielleicht kennst du das auch ... dieses innere Stehaufmännchen, das nur darauf wartet, wieder nach oben zu schnellen, auch wenn es anscheinend keinen Grund für Hochgefühle gibt. Später begriff ich, dass in solchen Momenten mein innerer Wesenskern zu mir gesprochen hatte. Meine Seele. Aber noch war ich nicht in der Lage, ihre Stimme zu verstehen. Und statt mich nach innen zu wenden, um diesen Quell des Lebens ausfindig zu machen, tat ich das Übliche: Ich suchte nach Heilung im Außen.

RAUS AUS DEM SCHMERZ –
ABER WIE?

»Bedenke: Nicht zu bekommen, was
man will, ist manchmal ein großer Glücksfall.«

DALAI LAMA

OB LIEBE, ANERKENNUNG, BESTÄTIGUNG oder
Heilung – wir sind es gewohnt, im Außen danach zu suchen:
beim Partner, der unsere Wünsche erfüllen soll, bei Freunden
und Kollegen, die uns, so hoffen wir, wertschätzen und anerkennen, beim Arzt oder Heilpraktiker, die uns gesund machen sollen.

Ich selbst war keine Ausnahme, auch ich hoffte auf ein All-
heilmittel für Körper, Geist und Seele, das sich irgendwo außerhalb von mir befindet. Und auch ich tat eine Menge dazu, um es
zu finden. Letztlich brauchte ich eine ganze Reihe von Enttäuschungen und schmerzhaften Erfahrungen, Ratlosigkeit vonsei-
ten der Ärzte, zusammen mit der Aussage, man könne mir nicht
helfen, bevor ich innehielt und die Möglichkeit in Betracht zog,
dass ich an der falschen Stelle suchte.

Wahrscheinlich hast auch du das schon erlebt und kennst diese Frustration, dieses Gefühl, allein gelassen zu werden und in einer Sackgasse nach der anderen zu landen. Dazu gibt es eine Weisheitsgeschichte, die ich dir gern erzählen möchte ...

·WEISHEIT

Es war einmal ein Bettler, der großen Hunger und kein Obdach hatte. Das Leben drückte ihn nieder, niemand wandte sich ihm zu. Jeden Tag saß er am Wegesrand und hielt die Hand auf. Manchmal gab ihm jemand einen Kanten Brot, doch meist taten die Menschen so, als sähen sie ihn nicht. Und so fügte er sich in sein Los.

Eines Nachts lag der Bettler auf dem Erdboden und hatte einen Traum. Ein Weiser kreuzte seinen Weg, hielt inne und wandte sich ihm zu. »Sieh mal unter deinen Kragen, guter Mann«, sagte er und zog weiter.

Als der Bettler erwachte, erinnerte er sich an den Traum. Schlaftrunken fasste er unter seinen Kragen und tastete umher – bis er dort zu seiner großen Überraschung eine Brosche mit einem kostbaren Juwel fand.

All die Jahre über habe ich das Juwel bei mir getragen und nichts davon geahnt – ich war ein Bettler, dabei bin ich ein reicher Mann, dachte er und bedankte sich bei dem Weisen, der ihn im Traum aufgesucht hatte, um ihm seine wahre Natur aufzuzeigen.

WEISHEITSGESCHICHTE AUS DEM FERNEN OSTEN

Hast du dich einmal gefragt, warum wir so auf das Außen fixiert sind? Warum wir alle erdenklichen Anstrengungen auf dieser Suche unternehmen, warum wir uns lieber verbiegen oder gar verleugnen, statt uns einfach nach innen zu wenden – dorthin, wo die Antworten sind? Die Liebe, das Glück?

In dem Augenblick, in dem wir geboren werden, verlassen wir den schützenden Leib unserer Mutter, in dem wir ganz selbstverständlich genährt werden. Sobald die Nabelschnur durchtrennt wird, sind wir abhängig davon, dass andere uns versorgen. Ein Baby gibt Signale an seine Umgebung ab, es gluckst, schreit, lächelt, damit seine Bedürfnisse nach Nahrung, Liebe und Berührung gestillt werden. Anders könnte es nicht überleben. Die Natur hat dafür gesorgt, dass dieser Versorgungsmechanismus funktioniert. Der Verhaltensforscher Konrad Lorenz schrieb über das Kindchenschema, eine Kombination von physischen Merkmalen wie einem relativ großen, runden Kopf mit hoher Stirn, großen Augen und Stupsnase, die unter anderem im Menschen Gefühle von Zuwendung und den Wunsch oder gar einen angeborenen auslösenden Mechanismus auslösen, sich um das unbeholfene Wesen zu kümmern.

Während das Baby sich entwickelt, stellen die Sinnesorgane das Tor zur Außenwelt dar. Es hört, sieht, riecht, schmeckt und fühlt und lernt, die Wahrnehmungen zu deuten. Dieser Entwicklungsprozess nimmt schon vor der Geburt seinen Anfang, was sich darin zeigt, dass ein Baby die Stimme seiner Mutter und auch Musikstücke wiedererkennt, die während der Schwangerschaft gespielt wurden. Bereits jetzt beginnt die Prägung, indem die Sinneseindrücke mit Gefühlen und physischen Reaktionen gekoppelt werden.

Nach der Geburt entwickelt sich das Gehirn des Babys weiter, es entstehen immer neue Verbindungen zwischen einzelnen Nervenzellen, sodass sich ein ganz individuelles Netzwerk heranbildet. Während dieser Phase äußert ein Baby seine elementaren Bedürfnisse und kann auch Gefühle wie Wohlbefinden oder Angst, Schmerz und Überreizung zum Ausdruck bringen. Es wendet sich nach außen, zu der Quelle von Nahrung, Trost und Liebe.

Vielleicht liegt es an diesem frühkindlichen Mechanismus, dass wir immer erst einmal im Außen suchen, sobald wir Bedürfnisse in uns spüren – nach Geborgenheit, Bestätigung, nach Antworten auf unsere Fragen. Eine wichtige Rolle spielen dabei Bezugs- und Autoritätspersonen. Mit unseren Bezugspersonen gehen wir früh eine Bindung ein, sie versorgen uns über die Nahrung hinaus mit Zuwendung und erfüllen unser Grundbedürfnis nach Bindung. Autoritätspersonen können Vorbildfunktionen einnehmen – und uns beeinflussen. In Teil 2 dieses Buches wenden wir uns dieser Thematik zu und sehen uns an, was in uns geschieht, wenn grundlegende Bedürfnisse nicht gestillt werden und Autoritätspersonen ihre Macht und ihren Einfluss auf uns missbrauchen.

Auch wenn wir längst zu eigenständigen Menschen herangewachsen sind und autark leben, sehnen wir uns nach der Bestätigung durch andere, wollen uns in unserem Gegenüber spiegeln, uns finden. Und wenn wir krank geworden sind, suchen wir den Arzt auf. Doch auch Ärzte sind in vielen Fällen machtlos, wie ich selbst immer wieder erfahren habe. Und sie können nur selten eine Antwort auf seelischer Ebene auf die Frage geben: Warum bin ich krank geworden?

»Die wirksamste Medizin ist die natürliche Heilkraft, die im Inneren eines jeden von uns liegt.«

HIPPOKRATES

46

Die Frage danach, warum ich krank war, wurde mir schon früh von Ärzten beantwortet: krankmachende Gene von beiden Seiten, hohe Sensibilität und somit nicht von mir aus veränderbar. So dachte ich damals – auch wenn in mir weiterhin der feste Glaube an einen tieferen Sinn hinter der Krankheit vorhanden war. Und dennoch war der Glaube an die unveränderbaren Gene schon während meiner Kindheit so übermächtig, dass nicht mal ein Zauberstab hätte helfen können.

Meine Eltern und später auch ich suchten verzweifelt nach Möglichkeiten, die Migräneanfälle zu stoppen und den Schmerz auf ein halbwegs erträgliches Maß zu reduzieren, um mir ein normales Leben zu ermöglichen. Als ich siebzehn war, bekam ich durch gesegnete Umstände endlich einen Therapieplatz. In den folgenden Monaten lernte ich mit der Migräne, den Depressionen und meinen Essstörungen besser umzugehen. Und so arbeitete ich mich nach und nach aus meinem Loch heraus. Doch der Schmerz war hartnäckig, er kehrte immer wieder zurück und bestimmte weiterhin mein Leben.

Ich bin mit dem Verständnis aufgewachsen, dass körperliche Beschwerden vor allem körperliche Ursachen haben. So verbrachte ich sehr viel Lebenszeit in Wartezimmern von diversen Ärzten und ließ alle möglichen Untersuchungen über mich ergehen. Mit der Zeit bekam ich immer öfter zu hören, ich solle mir nicht mehr so viele Gedanken machen. Das klang einfach – aber wie sollte das funktionieren? Wenn die Schmerzen stark waren, konnte ich sowieso nicht klar denken. Dann jagte ein Gedanke den anderen, aber ich konnte keinen richtig greifen. Und in den Pausen dazwischen stürzte das pure Leben auf mich ein, gefiltert von permanenten Selbstzweifeln und machtvollen Glaubenssätzen. Dazu kam der Druck, alles, was ich verpasst hatte, jetzt ganz schnell nachzuholen. Ich gab mir Mühe, die Gedanken abzustellen, wirklich. Doch jede Schmerzattacke drückte mich erneut nieder: Ich war ja nicht mal dazu in der Lage, nicht zu denken und mich zu entspannen, dachte es in mir und trat mein Selbstbild mit Füßen.

Ich rannte weiter von Arzt zu Arzt, von Spezialist zu Spezialist, und probierte aus, was immer mir empfohlen wurde. Von den vielen Medikamenten nahm ich in kurzer Zeit stark an Gewicht zu, was eine erneute Herausforderung in Sachen Körperthema darstellte. Der Schmerz und meine Verzweiflung über die intensiven, nicht enden wollenden Migräneattacken waren so stark, dass ich sogar das in Kauf nahm.

Schließlich schlug einer der Ärzte ein Mittel zur Prophylaxe vor, von dem ich konstant zunahm und das meine Gehirnzellen reversibel schädigte. So weit war ich inzwischen bereit zu gehen. Hauptsache, keine solchen Schmerzen mehr.

ÜBUNG

Jeder von uns hat seine eigenen Lebensthemen und Herausforderungen – die Gesundheit, wie in meinem Fall, Beziehungen, das Feld der Talente, des Berufs. Hast du dich einmal gefragt, was du alles in Kauf nimmst oder nehmen würdest, um

- weniger Schmerzen physischer oder emotionaler Natur zu haben?
- geliebt zu werden?
- einen Menschen zurückzugewinnen?
- Anerkennung zu bekommen? Geborgenheit? Sicherheit?

Nimm dir einen Augenblick Zeit für dich und überlege, wo deine Grenzen verlaufen ... und wann du sie übertrittst oder zulässt, dass sie übertreten werden.

In Wahrheit fühlten sich weder die ständige Gewichtszunahme noch meine wachsende Vergesslichkeit gut und richtig an. Die Migräneanfälle waren durch das neue Medikament nicht seltener geworden, der Schmerz nicht erträglicher, doch der Preis, den ich für diesen erneuten Versuch zahlen musste, war hoch. Wissen, das ich mir angeeignet hatte, das einmal wichtig gewesen war, drohte zu verschwinden. Ich konnte nicht einmal mehr *Tabu* mit Freunden spielen, stand vor der Haustür und wusste nicht mehr, welcher Schlüssel für meine Wohnung war, und vergaß sogar Familiennamen. Wohin sollte das auf Dauer führen? Es fühlte sich definitiv nicht so an, als würde ich mithilfe des Medikaments gesünder werden. Aber was war die Alternative?

Wohin ich mich auch wandte: Die Experten sagten zu mir, sie hätten bereits alles an mir ausprobiert und wüssten auch nicht weiter. Natürlich suchte ich den Fehler nicht bei ihnen – sie waren Autoritätspersonen, Götter in Weiß, und ihre Worte waren wie ein Urteil, das über mich gefällt wurde: *Dir ist nicht zu helfen.* Und so griffen erneut die alten Glaubenssätze und hämmerten mir ein, ich könnte nichts daran ändern, es wären halt die Gene, Pech gehabt.

Es war ja nicht so, dass ich nicht offen gewesen wäre für Alternativen. Schon seit der Grundschule hatte ich zahlreiche Dinge ausprobiert, alles, was Heilung oder wenigstens Linderung versprach: täglich einige Mandeln essen, Reiki, Shiatsu, EFT, die Klopfmethode, Autogenes Training, Entspannung nach Jacobsen, keine Kohlensäure trinken, Vibrationstraining, ketogene

Ernährung, sogenannte Energieplatten unter mein Kopfkissen legen – die Liste ließe sich beliebig fortsetzen. Ich probierte wirklich ständig irgendetwas aus. Immer hatte jemand eine Tante, bei der etwas gegen Migräne geholfen hatte, oder hatte in einer Zeitschrift von einer Methode gelesen, die ich doch mal ausprobieren sollte. Ich gab mir Mühe, spornte mich selbst an, nicht aufzugeben, wollte jene, die es ja nur gut mit mir meinten, keinesfalls enttäuschen.

Dabei habe ich immer wieder aufs Neue gehofft und auch geglaubt, ich könnte tatsächlich ein Heilmittel irgendwo da draußen finden. Manchmal wurden die Schmerzen für kurze Zeit besser, und ich bekam Aufwind, doch nach wenigen Tagen oder Wochen begann alles wieder von vorn und war oft genug sogar schlimmer als zuvor.

Einen großen Wendepunkt gab es in meinem Leben, als ich begann, mich mit veganer Ernährung, Rohkost, Yoga und später auch mit Meditation zu beschäftigen. Ich brach aus alten Strukturen aus und begab mich im Physischen und vor allem im Inneren auf die Reise. Und das, obwohl ich mir so sicher war, mich selbst längst gefunden zu haben. In jener Zeit begann ich mich besser zu fühlen, doch es war ein bisschen so, als hätte ich tief in mir einen schartigen Splitter, über den neue Haut wuchs. Wirklich frei werden von Schmerz konnte ich einfach nicht. Dazu waren tief in mir viel zu mächtige Muster am Wirken, die ich allesamt übersah.

Von den Ärzten hatte ich erfahren, dass die Veranlagung zu Migräne genetisch bedingt sei, ich hätte wohl – ein besonderes Pech! – von beiden Seiten der Familie etwas abbekommen. Einerseits war die Diagnose alarmierend, denn wenn etwas genetisch bedingt ist, hat man das Gefühl, nichts daran ändern zu können (obwohl die relativ neue Forschung rund um die Epigenetik, die die Mechanismen untersucht, welche das Erbgut steuern können, bereits etwas anderes behauptet). Andererseits kam mir diese Erklärung unbewusst natürlich entgegen, denn wenn ich ein Opfer meiner Erbanlagen war, gab es keinen Grund, für mich selbst die volle Verantwortung zu übernehmen.

Ob genetisch oder nicht: Ich war davon überzeugt, dass die Krankheit etwas wäre, das es »wegzumachen« galt. Anstatt hinzuhören und nachzufragen, was mein Körper mir sagen wollte, wollte ich den Schmerz und die Übelkeit schnellstmöglich loswerden – Symptome, die ich als die eigentliche Krankheit ansah und die ich mithilfe von starken Schmerzmitteln seit meiner Kindheit unterdrückte. Viele Jahre habe ich auf diese Weise gegen meinen Körper und somit gegen mich selbst gekämpft. Von dem Konzept, dass Körper, Geist und Seele irgendwie zusammengehören, hatte ich zwar gehört, aber es war mir fremd. Ich wusste nichts damit anzufangen und betrachtete das, was mein Körper tat, oft als von mir getrennten Prozess, unter dem mein Inneres litt.

Ich weiß inzwischen, dass alles, was ich damals ausprobiert habe, nicht wirken konnte, weil ich in der Tiefe noch nicht in die komplette Selbstverantwortung und in den Kontakt mit mir gegangen war. Wir alle neigen dazu, uns als Opfer zu sehen – Opfer unserer Kindheit, der Veranlagung, der Umstände –, doch in Wahrheit sind wir Heldinnen: Wir können all die unangenehmen Einflüsse in unserem Leben transformieren, aus ihnen etwas Neues, Gesundes erschaffen und durch sie wachsen. Um diesen Prozess in Gang zu setzen, müssen wir uns als Allererstes nach innen wenden.

Wenn wir krank sind, reicht es nicht, ein Pflaster zu kleben oder eine Pille zu schlucken. Wenn wir uns in einer toxischen Partnerschaft befinden, ist es nicht damit getan, den Partner zu wechseln. Und wenn wir uns in unserem Beruf nicht durchsetzen, nicht einbringen können oder gemobbt werden, ist eine neue Stelle auf Dauer meist auch nicht die Lösung. Es muss etwas *in uns* passieren. Solange tiefsitzende Glaubenssätze am Wirken sind, werden die tollsten Methoden langfristig nichts ändern. Und das ist meiner Meinung nach auch gut so, denn sonst würden wir nie erfahren, worum es wirklich geht: darum nämlich, das Symptom komplett zu verstehen und dadurch der eigenen Seele wieder näherzukommen, zurück auf den eigenen Weg zu finden.

Wenn du erkennst, dass alles, was passiert, mit dir zu tun hat, kann all der Schmerz dir sein Geschenk offenbaren, und du kannst tiefe Heilung finden. Denn er zeigt direkt auf deine tiefsten Sehnsüchte und Bedürfnisse, er zeigt auf dein Herz.

Als ich vor einigen Jahren in Thorwald Dethlefsens und Ruediger Dahlkes Buch *Krankheit als Weg* las, dass wir uns Krankheiten selbst erschaffen und sie uns etwas sagen wollen, war ich erst einmal unglaublich wütend. Ich klappte das Buch schon nach wenigen Seiten zu und stellte es in den Schrank. Was für ein esoterischer Schwachsinn, der kann ja nur von Menschen kommen, die nicht wissen, was es heißt, wirklich starke Schmerzen zu haben, dachte ich. Denn wenn ich den Impulsen aus dem Buch Glauben geschenkt hätte, wäre meine Krankheit ja doch nicht so ernst zu nehmen gewesen. Dann hätten all die Menschen in der Schule, Uni, im Privat- und Berufsleben am Ende recht gehabt, und ich hätte mir alles nur eingebildet – oder?

Die Aussagen in dem Buch können den Blickwinkel jedes Einzelnen verändern, aber dafür war ich damals noch nicht bereit. Denn es hätte bedeutet, selbst die volle Verantwortung für mein Sein mit allen Gefühlen und Gedanken übernehmen zu müssen. Für Freude *und* Schmerz. Für all das, was im vermeintlichen Außen passiert, und für all das, was in mir passiert. Eine Trennung zwischen innen und außen gäbe es nicht mehr.

Es war völlig in Ordnung, dass ich zu dieser Zeit noch nicht bereit war, all dies anzunehmen, denn der Samen in meinem Unterbewusstsein wurde trotzdem gepflanzt. Diese völlig neue Sicht auf die Welt und meine Gesundheit brachte nach und nach alles in mir ins Wanken, und ich fing an, das, woran die meisten Menschen glauben, was sie als Realität empfinden, noch kritischer als vorher zu hinterfragen.

Ich selbst hatte mir zu diesem Zeitpunkt längst eine gut funktionierende Fassade aufgebaut und meinen extrovertierten Teil dafür genutzt, nach außen hin selbstbewusst zu wirken. So oft hatte ich von anderen gehört, dass sie sich nicht vorstellen konnten, ich könnte wirklich solche Selbstzweifel und Schmerzen haben. Wo ich doch so laut und fröhlich war. Und ich war stolz darauf, dass viele Menschen so über mich dachten. Es war die perfekte Tarnung von all dem Schmerz, der sich darunter verbarg. Und das bedeutete, dass auch ich diesen unangenehmen Teil in mir wegschließen konnte. Zumindest solange ich unter Menschen war.

In einer Zeit, in der ich ganz besonders häufig Migräne hatte, nebenbei irgendwie versuchte, mein Studium und ein begleitendes Praktikum in der Kinder- und Jugendhilfe sowie meine zwei Jobs zu stemmen, hatte ich YouTube für mich entdeckt. Das war 2010 – ein Jahr, in dem ich meine freie Zeit überwiegend in dieser neuen Online-Welt verbrachte und die

Bloggerwelt kennenlernte. Es war so schön einfach. Während mir in dieser Phase jeder soziale Kontakt außerhalb meiner Wohnung zu viel gewesen war (denn woher wusste ich schon, wann es mir mal gut ging?), bot das Internet die perfekte Alternative. Es machte mir Spaß, ich fand es spannend, neue Menschen ohne die Verbindlichkeit von Offline-Verabredungen kennenzulernen, und ich genoss den Austausch und die gegenseitige Inspiration.

Nach einer Weile hatte ich selbst dann auch meinen ersten Blog: *pipiola y la moda*, auf Deutsch: »Der süße Fratz und die Mode«. Nach einer Weile überlegte ich mir sogar, neben meinen Fashion Hauls und Shopping-Tipps auch meine Outfits zu zeigen. Ich hatte große Angst vor Kritik, aber gleichzeitig hatte ich so viel Freude an der Mode und wollte lernen, endlich zu mir selbst zu stehen. Also entschied ich mich dafür, es zu wagen und mich so zu zeigen, wie ich bin. Ich postete, fotografierte und stellte die Bilder online.

Nach ein paar Wochen stießen immer mehr Leute auf meinen Blog, und ich fühlte mich auf dem neuen Terrain schon etwas sicherer. Bis ich dann in einem Forum las, wie Leute sich darüber ausließen, wie hässlich und fett ich doch sei. Das traf mich bis ins Mark. Und es traf auch das kleine Mädchen im violetten Badeanzug, das noch immer voller Angst vor Ablehnung in mir lebendig war. Es fühlte sich in all seinen traurigen Annahmen über sich selbst bestätigt. *Ich* fühlte mich bestätigt. Es tat weh. Und ich war schockiert darüber, was Menschen, die sich hinter ihren Bildschirmen verbargen, über andere im Internet schrieben. Kurz darauf löschte ich meinen Blog.

Nach einigen Monaten Pause beschloss ich einen YouTube-Kanal zu starten. Ich wollte meinen damaligen Vintage-Modestil mit anderen teilen und zeigen, dass auch eine Sozialarbeiterin beide Seiten in sich tragen kann: Modeliebe und das Interesse an allem Sozialen. Denn es gibt nicht nur Schwarz und Weiß. Durch meine Gedanken, die ich in den Videos teilte, wollte ich andere inspirieren.

Als ich mit YouTube anfing, ahnte ich nicht, dass nun noch weit mehr an Kritik und Beleidigungen auf mich zukommen würden. Aber ich fühlte mich wohler. Vor der Kamera zu reden, wenn auch erst mal sehr holprig und mit viel Make-up im Gesicht, fühlte sich für mich viel natürlicher an, als für ein starres Foto zu posieren. Ich war bald ganz in meinem Element und tauchte immer mehr in diese Welt ein. Doch auch mein Konsum potenzierte sich dabei, und selbst wenn es mir damals nicht bewusst war, versuchte ich damit wohl meine Selbstzweifel und meinen Schmerz zu betäuben. Als YouTube dann mehr und mehr zu meinem Job wurde, ich auf Events eingeladen wurde und so ziemlich alles, was ich mir wünschen konnte, geschenkt bekommen hatte, wurde es mir zu viel. Ich hatte das Gefühl, all diese Dinge würden mich erdrücken, während ich gleichzeitig an ihnen hing. Die Follower wollten weitere Tipps, neue Videos, neue Inhalte, und so dachte ich, dass ich weiter konsumieren und auch möglichst gut und gesund aussehen müsste. Denn einerseits wurde und wird Online-Authentizität gewünscht, und andererseits wollen alle schöne Bilder sehen, und es hagelt abwertende Kommentare, wenn man dann doch mal das ungeschminkte Ich mit Augenringen, Pickeln, Falten, ohne BH und mit Speckrollen zeigt. Aber auch das war damals nichts als ein Spiegel meiner eigenen inneren Bewertung. Ich machte mich innerlich ja selbst fertig – wie hätte ich da von anderen erwarten sollen, dass sie nicht das Gleiche mit mir taten?

Eines Tages fand ich ein Forum, in dem die Leute nur darauf warteten, dass ich ein neues Video rausbrachte, um es in der Luft zu zerreißen. Wieder las ich, wie fett und hässlich ich sei. Andere behaupteten, dass ich mich bei meinem Körper und mit der Akne gar nicht so gesund ernährte, wie ich immer in meinen Food-Videos zeigte. All das tat sehr weh, denn es traf genau meinen eigenen Schmerz. Ich weinte an dem Tag und versprach mir selbst, nie wieder auf solche Seiten zu gehen.

Letztlich sagten all die Dinge, die andere über mich schrieben, in der erster Linie etwas über sie aus. Aber da sie mich emotional trafen, schienen sie auch etwas mit mir zu tun zu haben. Sonst hätte es mir ja relativ schnell wieder egal sein können. Doch sie trafen eine Wunde tief in mir, und ich schreckte vor Schmerz zurück.

Wenn du hinhörst, gibst du dem, was ist, die Chance, gesehen und dadurch geheilt zu werden.

In den neun Jahren auf YouTube und in der Bloggerwelt habe ich mich sehr oft gefragt, warum ich mir das alles eigentlich antue. Wäre es denn nicht leichter und besser für mich, meinen Lebensweg ohne die ständige Bewertung in der Öffentlichkeit zu gehen? Aber ich bin geblieben und habe meinen Weg gefunden, diese Herausforderung für mich zu nutzen – auch weil sie mich immer wieder dazu bringt, mich mit mir selbst auseinanderzusetzen. Alle zwei Jahre habe ich meine Themen komplett geändert, von herkömmlicher Mode und Kosmetik über vegane, pflanzliche Ernährung und einen nachhaltigeren Lifestyle bis hin zu Reisen und Persönlichkeitsentwicklung. Ich habe in Kauf genommen, weniger Klicks zu haben, Follower zu verlieren und Kritik zu bekommen für das, was ich tue, was ich nicht tue, wie ich wirke und aussehe. Gewonnen habe ich dabei sehr viel Stärke, denn YouTube kann eine harte Lebensschule sein, vor allem, wenn man in sich selbst noch nicht so aufgeräumt hat.

Der Weg von der Opferrolle hinein in die Selbstverantwortung ist die Verabschiedung von dem Glauben daran, dass andere Menschen, Umstände und Situationen im Außen dafür verantwortlich seien, wie ich mich fühle, denke und handle. Stattdessen übernehme ich die Verantwortung, denn ich erkenne, dass es immer auch die Möglichkeit gibt, über das, was ist, anders zu denken. Und neue Gedanken können andere Emotionen und somit auch anderes Verhalten bedingen. Ich hole meine ureigene Lebenskraft zurück und bin wieder handlungsfähig, im Innen und Außen.

Dieser neue Gedanke brachte in mir ein klitzekleines Steinchen ins Rollen, aus dem mit der Zeit eine Lawine wurde, die all das mitnahm, was nicht zu mir gehörte, und all das freilegte, was richtig war und wahr. Statt weiter im Außen nach Antworten auf all meine Bedürfnisse und Fragen zu suchen, ahnte ich nun, dass es darum ging, sich nach innen zu wenden, hin zu meinem inneren Kern, um Liebe, Einssein und Heilung in mir wahrzunehmen ... Das stellte alles auf den Kopf, was ich gedacht und getan hatte. Doch es fühlte sich richtig an.

In Wahrheit braucht es nur einen neuen Gedanken für eine tiefe Veränderung. Denn ein neuer Gedanke kann alles, was ist, was war und was sein wird, in ein neues Licht rücken.

Nach und nach begriff ich: Wir kreieren unsere wahrgenommene Realität von innen heraus. Unsere allerersten Erfahrungen und Annahmen über die Welt, unsere Prägungen haben dafür gesorgt, dass sich unsere Wahrnehmung nach ihnen richtet.

Glaubenssätze sind hartnäckig, doch sie sind zum Glück nicht in Stein gemeißelt. Wie unsere Gedanken und Gefühle sind sie Energie, und diese verändert sich. Somit können wir auch im Nachhinein unsere Geschichte neu schreiben. Ein Gedanke, der bisher Geglaubtes in ein neues Licht rückt: Mehr braucht es erst mal nicht.

UND PLÖTZLICH:
ERWACHEN

»Als ich mich wirklich selbst zu lieben begann,
habe ich mich von allem befreit, was nicht gesund für mich war – Nahrung, Menschen, Situationen, Dingen – und von allem, das mich immer wieder hinunterzog, weg von mir selbst.
Anfangs nannte ich das ›gesunden Egoismus‹,
aber heute weiß ich, das ist ›Selbstliebe‹.«

KIM MCMILLEN

ES WAR NOVEMBER 2016, und ich hatte mich auf den
Weg nach Bali gemacht, um dort die Wintermonate zu verbringen. Ich war schon mehrmals auf der Insel gewesen, und obwohl
ich sie anfangs so gar nicht gemocht hatte, zog es mich doch immer wieder dorthin – ganz besonders nach Ubud.

Der Ort ist voller Magie, eingerahmt von Reisterrassen,
dem Regenwald mit seinen unvergleichlichen Grüntönen und

durchzogen vom Ayung River. Der süße, geheimnisvolle Duft von Räucherstäbchen liegt in der Luft. Und dann die Tempel mit ihren Reinigungszeremonien, die heiligen Stätten und die frechen Affen im Monkey Forest! Der Name leitet sich ab vom balinesischen *ubad*, was so viel wie Medizin bedeutet. Und so war es für mich auch ein Ort der Reinigung und Heilung, die mir dort immer wieder ungefragt zuteilwurde. Es war, als würde Ubud mir die Medizin zum Aufwachen verabreichen – und nicht nur mir allein.

Ich hatte bereits angefangen zu meditieren und auch meinen anfänglichen inneren Widerstand dagegen überwunden. Inzwischen meditierte ich täglich zwanzig Minuten mit einer App und war dabei zu verstehen, dass ich nicht meine Gedanken bin. Bei der Achtsamkeitsmeditation unterdrückst du deine Gedanken nicht, sondern betrachtest sie. Aus dieser Position des Beobachters heraus wirst du Zeuge, was der Verstand in Sekundenschnelle fabriziert. Durch einen winzigen Impuls aus dem Inneren oder von außen kann ein Gedanke entstehen, der sich zu einer ganzen Geschichte inklusive Emotionen aufbauschen kann. Wenn es dir gelingt, dich nicht hineinziehen zu lassen, sondern weiter zu beobachten, was dein Kopf da macht, spürst du, wie vergänglich deine Gedanken und Gefühle sind. Was bleibt, ist dein Bewusstsein – der beobachtende Teil deiner selbst, der gewahr ist, dass du denkst, fühlst, dich bewegst, hörst, riechst, atmest ... Anfangs waren es oft nur Bruchteile von Sekunden, in denen ich achtsam war – kleine Funken reines Bewusstsein, die mich erkennen ließen, dass ich nicht meine Gedanken bin, nicht meine Gefühle, nicht mein Körper, nicht mein Atem. Denn auch in den Atempausen war ich ja da ...

In den ersten Tagen vertiefte ich mich in Eckhart Tolles Buch *Jetzt*. Er erzählt darin von einem Moment seines Lebens, in dem seine Depression und Abscheu gegenüber der Welt so stark waren, dass er dachte, er könne »mit sich selbst nicht leben«. Dieser Gedanke ließ ihn stutzen, und er fragte sich, wenn er mit sich selbst nicht leben könne, ob es dann zwei von ihm gäbe: das Ich und das Selbst. Es war eine Frage, die alles in ihm verändern sollte. Sie ermöglichte ihm, sich von der »Identifikation mit dem unglücklichen und zutiefst ängstlichen Selbst zu lösen«, die, wie er es nannte, eine »Einbildung des Verstandes« sei.[1]

Solche Gedanken waren mir nicht fremd. Auch ich hatte nicht mehr mit mir leben wollen, nicht in dem Selbst, das von meinen Schmerzen zehrte, um sich damit zu identifizieren ... mit dem von Selbstzweifeln und Unsicherheit geplagten Selbst, das nicht mal hier, auf dieser traumhaften Insel, loslassen und die Welt als wundersamen Ort begreifen konnte.

Mir wurde immer klarer, dass meine bisher erlebte Realität eigentlich gar keinen Sinn ergab. Ich hatte immer gedacht, dass ich eben so sei: jemand, der viel denkt, der ständig grübelt, der Migräne hat und so war, wie ich mich eben präsentierte. Ich hatte zahlreiche Glaubenssätze darüber verinnerlicht, wer und wie ich bin. Schließlich war ich immer schon so gewesen – meine Familie war so, und ich war auch so aufgewachsen. All diese Sätze, an die ich glaubte, ließen in mir keinen Raum für die Vorstellung, dass ich in Wahrheit etwas ganz anderes war ... etwas, das ich selbst kreieren konnte.

Fünf-Minuten-Meditation

Diese kurze Meditation gibt dir einen Einblick in die Achtsamkeitspraxis. Fünf Minuten klingen nicht nach viel, doch lass dich überraschen, wie viele achtsame Momente du in dieser kurzen Zeitspanne erfahren kannst. Es ist gar nicht schwer!

Stell dir einen Timer auf fünf Minuten. Dann schließe die Augen und atme mehrmals tief ein und aus. Fühle, wie die Luft, noch kühl, durch deine Nasenlöcher und weiter durch deine Kehle strömt. Spüre hinein in deinen Bauch, wie er sich mit dem Atemzug hebt und wieder senkt ... Fühle, wie die nun warme Luft deine Nase wieder verlässt ... Und atme wieder ruhig ein, lass zu, wie der Atem ein- und ausströmt, wie dein Bauch sich hebt ... und wieder senkt ... hebt ... und wieder senkt ... Dein Atem tief im Bauchraum ist dein Anker, zu dem du immer wieder zurückkehren kannst, wenn du in Gedanken wegdriftest. Beobachte nun einfach, wie der Atem ein- und ausströmt. Sobald ein Gedanke auftaucht, betrachte ihn genau so, wie du es mit dem Atem tust. Sage dir innerlich »Denken ...« – und kehre zum Atem zurück. Beobachte als Nächstes, wie deine Sinnesorgane Geräusche oder Gerüche wahrnehmen. Sage dir innerlich »Hören ...« oder »Riechen ...« und kehre zur Beobachtung deines Atems zurück. Auch Gefühle kannst du so innerlich notieren, wann immer du sie wahrnimmst: »Fühlen ...«, und kehre zur Beobachtung des Atems zurück.
Spüre hin, wie du beobachtest ... den Atem, Gedanken, aufsteigende Gefühle ... Das Beobachten fühlt sich vielleicht ein bisschen so an, als würdest du dich von außen sehen. Spüre hin, wie du beobachtest ... Dies ist deine Achtsamkeit, dein Bewusstsein.

Wenn es wieder in dir zu denken beginnt, kehre zur Beobachtung des Atems zurück, bis du das Signal des Timers hörst. Nun atme ein weiteres Mal tief ein und aus, öffne die Augen – und kehre zurück ins Hier und Jetzt.

Das Beobachten kannst du sehr gut in den Atempausen zwischen Ein- und Ausatmen spüren. Dann weißt du, du bist nicht dein Atem. Wenn du möchtest, erinnere dich den Tag über immer mal wieder daran, dass du atmest, ganz von selbst ... und übe das Beobachten. Anfangs ist es nur ein kleiner Funken Bewusstsein, den du immer weiter glimmen lassen kannst.

Während der Meditationen wurde mir auch bewusst, dass meine Gedanken in fast allen Fällen Gefühle erzeugen und diese wiederum zu meinem Verhalten führen. Ich hatte darüber zwar irgendwo gelesen, aber diesen Vorgang tatsächlich nie in seiner Tiefe erfassen können. Jetzt aber beobachtete ich, wie eigentlich völlig neutrale Dinge in mir Angst, Unsicherheit oder Abscheu vor mir selbst auslösten, und das nur, weil meine Deutungen dessen, was war, so verzerrt waren: die laute Stimme, die Angst in mir schürte, der Blick in den Spiegel, der Selbsthass in mir hervorrief. Dazu all die Urteile und Sorgen, die überhandnehmenden Existenzängste ... Mein Unbewusstes war vollgepackt mit Assoziationen, die alten Überzeugungen entsprangen und längst zum Selbstläufer geworden waren.

Stell dir vor, du hörst während einer Meditation aus dem Nebenzimmer ein Gläserklirren. Ist diese Sinneswahrnehmung neutral für dich, dann wird es dir relativ leichtfallen, sie loszulassen und dich weiter auf die Meditation zu fokussieren. Hast du aber Erinnerungen zu dem Sinnesreiz, können diese eine Kette an Assoziationen in Gang setzen, die teils starke Gefühle entstehen lassen. Vielleicht hast du als kleines Kind ein Glas zerspringen lassen, wurdest ausgeschimpft, Tollpatsch genannt, vielleicht auch bestraft. Dann kann ein einfacher Sinnesreiz in dir all das heraufbeschwören, und dein Verstand malt die Story weiter aus, während die entsprechenden Gefühle dazu aufsteigen. Plötzlich bist du in einer anderen Zeit, Meilen von deinem jetzigen Ort entfernt, während ein Moment deines Lebens ungelebt verstreicht. Auch das habe ich erlebt. Manchmal hat es mich in alte Dramen verstrickt. Bis ich erkannte, dass diese Dramen, diese Assoziationen mir etwas zu sagen hatten. Bis ich achtsam damit umging und beobachtete, was in mir geschah.

Assoziationsketten

Freie Assoziationen können uns viel über unser Unbewusstes preisgeben. Mit ihrer Hilfe können wir an Themen hinter dem Thema kommen.

Möchtest du es einmal selbst probieren?
Wähle ein beliebiges Wort und benenne einfach frei und ohne nachzudenken, was dir dazu einfällt. Webe eine Kette, ohne auf Logik und Sinn zu achten, ohne brillieren und originell sein zu wollen. Sage oder notiere einfach nur, was dir gerade in den Sinn kommt.
Assoziationsketten sind wie ein Netz, das unser Verstand anhand unserer bisherigen Erfahrungen um einen Begriff herumwebt. Alles, was dir einfällt, hat dabei mit dir und deinem Erleben zu tun. Denke daran, die Worte nicht zu steuern, sondern einfach kommen zu lassen. Sieh beim Schreiben nicht auf, sondern mach so lange weiter, bis es innerlich klick macht. In dem

Moment kommst du zu dem Begriff, der gerade relevant für dich ist und eine Lösung, einen Ansatz in sich birgt.

Aufgabe
Nimm eine Frage aus deinem alltäglichen Leben. Zum Beispiel: Soll ich das Treffen absagen? Nun assoziiere frei zu dem Wort *absagen.*
Dein Wort:

_____

_____

_____

Übrigens: Du kannst diese Technik auch zu deiner persönlichen Traumdeutung nutzen, denn die Deutung der Symbole, die dir im Schlaf kommen, liegt in dir.

Zu all den Erfahrungen während der ersten Tage auf Bali kam noch mein innerer Drang, mich selbst anzutreiben, mich an den guten Tagen mitten ins Leben zu stürzen. Bloggen, tanzen, Streetfood, Nachtmärkte, Yoga-Events, Surfen, Lesen, zu diversen Workshops gehen ... Eigentlich sollte mir all das doch Vergnügen bereiten, aber tat es das wirklich? War ich in Wahrheit nicht viel zu ehrgeizig und geschäftig, um vielleicht einen Gang runterzuschalten? Was ich Freiheit nannte, fühlte sich in Wirklichkeit so unfrei an. Warum konnte ich nicht loslassen? Wovor hatte ich Angst? Und als ich das realisierte, änderte sich mit einem Schlag alles. Ich erkannte, dass ich meine Realität selbst erzeugte.

In Wahrheit beinhaltet diese Erkenntnis die vollkommene

Selbstverantwortung. Einmal begriffen, gibt es kein Zurück mehr. Denn wenn ich selbst meine Emotionen erzeuge, dann können weder meine Gene noch ein mich betrügender Partner, noch das vermeintlich schlechte Wetter oder mein Kontostand dafür verantwortlich sein, wie ich mich fühle. Nicht einmal eine Krankheit kann es. Erst meine eigene Bewertung dessen, was ich als meine Realität erlebe, führt zu meinen Gefühlen.

Während ich Eckhart Tolles Buch hörte, ging mir ein Licht nach dem anderen auf. Plötzlich ergab alles, was war, so viel Sinn – und auf der anderen Seite machte es gar keinen Sinn mehr, so weiterzuleben wie bisher. Die oft eher unangenehme Seite des Aufwachens und Heilens ist, dass vieles von dem, was wir um uns herum angesammelt haben, mit einem Mal nicht mehr zu einem passt. Das kann Beziehungen betreffen, Freundschaften, Gewohnheiten, Materielles und auch den Beruf. Da saß ich nun auf Bali mit meinen neuen Erkenntnissen und hatte plötzlich große Schwierigkeiten, meinem Job als YouTube-Bloggerin nachzukommen. Nach außen zu gehen – in die Welt des Konsums, der Bestätigung, der Inspiration, des Kontakts mit völlig Fremden – fühlte sich plötzlich falsch an, und Videos zu Reise-Gadgets im Pool zu drehen erschien mir völlig sinnlos. Aber ich machte weiter. Mein Verstand und mein Ego hatten noch zu große Angst davor, meinen Job loszulassen. Ich wusste, dass es dringend an der Zeit war, beruflich etwas zu ändern, aber ich hatte keine Ahnung, wie. Bis dato hatte ich etwa fünfzehn Tage im Monat Migräne, und dadurch fielen alle Jobs, die eine gewisse Verlässlichkeit in Sachen Termine erforderten, schon mal weg. Ich versuchte also, erst einmal die wichtigsten Aufgaben zu erledigen und dann weiterzusehen. Bis mir das Universum einen noch deutlicheren Schlag verpasste.

Es heißt, dass »Mama Bali« einen so lange zu Boden wirft, bis man begriffen hat, wo der eigene Seelenweg in diesem Leben hinführen soll, und man diesem folgt. Genau so war es auch bei mir. Rational gesehen war es eigentlich ziemlich unverständlich, dass ich nach Bali zurückkehrte, wo ich selten gesund und entspannt war. Es zog mich trotzdem immer wieder dorthin, weil ich an diesem Ort Stück für Stück aus meinem Traum erwachte. In diesem Winter unternahm ich zusammen mit einer Freundin eine Fahrt mit dem Roller. Wer noch nie auf Bali war: Die knatternden, nach Diesel riechenden Motorroller sind dort das populärste Fortbewegungsmittel. Bepackt mit zwei, drei, vier und mehr Einheimischen, plus Einkäufen, Taschen, Gepäck und auch mal einer Ladung Hühner oder Besenstiele, füllen sie die Straßen und bestimmen das Bild der Ortschaften.

Ich weiß nicht genau, wie es geschah, doch plötzlich lag ich auf der Straße, ein Bein eingeklemmt unter dem Roller. Ganz typisch für Bali war die Reaktion der Einheimischen: Während ich noch unter Schock stand, kamen binnen Sekunden von allen Seiten Menschen, um mir zu helfen. Man setzte mich hin, tastete meine Gelenke ab, gab mir Wasser zu trinken und redete mir gut zu. Ich war nicht wirklich anwesend und bekam nur am Rande mit, wie man mich auf den Roller eines Mannes setzte und zur Dorfärztin fuhr. Vier völlig Fremde und meine Freundin begleiteten mich, und während mir die Ärztin ziemlich energisch mit einem alkoholgetränkten Tuch die vielen Steinchen und den Dreck aus allen Wunden rieb, sagten sie aufmunternde Dinge und versuchten, mich zu trösten. Nach der Prozedur fuhr ein Mann meinen Roller die weite Strecke bis zu uns nach Hause, während andere mich im Auto dorthin brachten. Diese Art des Zusammenhalts, die selbst Touristen mit einschließt, ist einer der vielen Gründe, warum ich mich auf Bali so wohlfühle. Es mag klischeehaft klingen, vor allem nach Büchern wie *Eat Pray Love*. Aber es ist, wie es ist, und neben der Herzlichkeit, die einem von allen Seiten entgegengebracht wird, übte Bali auf mich eine unglaublich starke, transformierende Kraft aus. Das mag nicht für jeden gelten, aber für mich war und ist Bali ein Teil meines Weges, und deswegen möchte ich davon berichten. Zurück in unserer Unterkunft, entzündeten sich meine Wunden, sodass ich mich mehrere Wochen nur unter größter Anstrengung aus dem Bett bewegen konnte. All meine Pläne für Bali schienen sich in Luft aufgelöst zu haben. Ich konnte weder arbeiten noch Ukulele spielen, noch zum Yoga gehen oder in den Pool springen, geschweige denn surfen. Was aber ging, war meditieren und visualisieren, mir also bildhaft etwas vorzustellen. Wir kreieren unsere Gegenwart von innen nach außen. Mit unseren Gedanken können wir Gefühle und somit die Energie erzeugen, die wir uns wünschen. Also beschloss ich, mir mein Lieblingsleben auszumalen.

In Träumen und auch beim Filme-Gucken machen wir immer wieder die Erfahrung, wie eingebildete Situationen uns zum Lachen und Weinen bringen oder Spannung, Angst erzeugen. Die Gefühle, die währenddessen in uns entstehen, sind echt, sie sind unsere Realität. Ganz ähnlich funktioniert es auch mit dem Visualisieren. Unsere Vorstellungen werden zu unserer Realität, und es liegt in unserer Hand, sie angenehm, harmonisch und heilsam zu gestalten.

Erinnerst du dich? Auch Glaubenssätze sind nicht in Stein gemeißelt. Wenn sie uns bewusst werden, haben wir die Möglichkeit, sie zu verändern und mit ihnen unsere Wahrnehmung und unser gesamtes Leben umzugestalten.

Also setzte ich mich jeden Morgen auf meine Yogamatte und visualisierte, ganz frei aus dem Bauch heraus. Durch das Meditieren war ich das Sitzen, Fokussieren und Beobachten bereits gewohnt und konnte mich leicht konzentrieren. Ich saß meist mindestens eine Stunde auf der Matte, bis ich vor Dankbarkeit und Freude weinte. Ich malte mir aus, wie mein Lieblingsleben aussehen würde. Wie ich mich fühlte, während ich mich selbst voller Liebe im Spiegel betrachtete, wie ich meine Beziehungen lebte und mich dabei fühlte, wo und wie ich wohnte und was ich voller Passion den ganzen Tag über machte. Spätestens bei der Vorstellung von der Geburt meines Kindes war ich in der puren Liebe und konnte meine Energie förmlich schwingen hören. Verbunden mit dieser hohen Frequenz, bedankte ich mich für alles, was war, für alles, was ist, und für alles, was kommen würde – und auch für all das, was ich war, was ich bin und was ich sein werde. Ich bedankte mich und bat um Führung. Ich verband mich mit meinem Herzen und versprach mir selbst, dass ich in Kontakt mit ihm durch den jeweiligen Tag gehen würde.

Während ich mich täglich für eine Stunde mit meiner eigenen Schöpferkraft verband, wollte ich weiterhin herausfinden, was ich denn tun könnte, um vollkommen gesund zu sein. Das Visualisieren hatte ich ganz intuitiv und nicht mit dem Ziel der Selbstheilung begonnen.

Als ich wieder einigermaßen Roller fahren konnte, machte ich eine Tour von einem Heiler zum nächsten. Ich hatte schon immer daran geglaubt, dass irgendwann ein weiser, alter Einheimischer kommen würde, um mich von der Migräne zu heilen. Dabei hatte ich eher an einen Heiler aus Afrika gedacht, der mir die Hand auflegte, aber vielleicht war es ja auch ein Indonesier. Wie du siehst, war ich trotz all der Erkenntnisse der vergangenen Wochen noch immer mit meinem Opferdenken unterwegs und suchte Heilung im Außen.

Es wurde eine denkwürdige Tour. Der erste Heiler sagte mir, dass ich gesund sei und lediglich zu viel zweifeln würde. Deswegen sollte ich täglich in den Spiegel gucken und mich selbst anlächeln. Das sagt er vermutlich jedem, dachte ich damals. Ich ärgerte mich über seine Worte, denn meiner Meinung nach war ich überhaupt nicht gesund. Das sagte ich ihm dann auch, woraufhin er kurz überlegte. Dann meinte er, dass es nur meine Erinnerung an die Krankheit sei, die sie weiterhin erzeugte. Ich beschloss, mir jemand anders zu suchen.

Ein paar Tage nach diesem in meinen Augen völlig unbefriedigenden Ergebnis fuhr ich zum nächsten Heiler. Ich spürte eine sehr schöne Verbindung zu ihm, und wir verlebten einen eher netten, privaten Nachmittag zusammen als eine Healing Session. Am Ende fragte ich ihn aber doch noch nach seinen Ratschlägen, und auch er sagte, dass ich aufhören solle, so viel nachzudenken und an mir zu zweifeln. Stattdessen solle ich in mir selbst Ruhe finden und die Erinnerung an die Schmerzen loslassen.

Zwei Heiler, zwei ähnliche Antworten. Und ich hatte es noch immer nicht kapiert. Schließlich war die Migräne in mein Leben gekommen, als ich sechs gewesen war, da hatte ich doch sicher noch keinen Stress gehabt und zu viel nachgedacht. Also konnte das meiner Meinung nach auch nicht der Grund sein.

Und so machte ich mich auf den Weg zum dritten Medizinmann. Er sagte viele weise Dinge, die mich inspirierten, doch am Ende war es wieder die gleiche Botschaft: Er könne mir mit Massagen helfen, auf körperlicher Ebene an den Symptomen zu arbeiten. Wenn ich es aber nicht schaffte, in mir selbst Frieden zu finden, und zwar unabhängig davon, was gerade im Außen passierte, dann würde das nichts bringen.

Ich ließ die Diagnosen der alten Männer erst mal sacken. Bis ich an einem Abend kurz vor meiner Rückreise nach Deutschland auf der Massageliege lag und sich plötzlich etwas in mir bewegte. Wie aus dem Nichts kam mir die Erkenntnis. Ich lag auf der Massagepritsche in dem kleinen, karg eingerichteten Raum. Die nette Indonesierin, zu der ich mehrmals die Woche ging, massierte meinen Rücken, und in mir machte es plötzlich klick. Als wäre überall Licht, hatte sich alles um mich herum geweitet, und es schien gar nicht mehr aufzuhören und immer noch heller und weiter zu werden. Mit einem Mal hatte ich alles klar vor Augen, und mit jeder neuen kleinen Erkenntnis, jedem weiteren Zusammenhang, den ich begriff, verstärkte sich dieses Gefühl in mir, genau zu wissen, worum es ging. Gleichzeitig war da diese immense Energie: Am liebsten wäre ich von der Massageliege aufgesprungen und hätte allen Menschen von meinen tiefen Erkenntnissen berichtet. Ich wollte dieses Wissen teilen und anderen das Licht zeigen, das ich gerade zu sehen begann. Für einen Moment hatte ich Angst, dass es verschwinden würde, wenn ich es nicht festhielte. Aber es blieb. Und es fuhr mir durch Mark und Bein. Ganz so, als hätte die Massage die Energie der Erkenntnis in meinen Körper geknetet, damit ich mich von nun an immer daran erinnerte.

Einige Augenblicke sah ich so klar und rein wie noch nie zuvor. Als hätten all die Schleier und Torwächter Platz gemacht für meine Seele.

Ich wusste jetzt, warum die Migräne in Erscheinung getreten war. Warum sie ein Geschenk war und auch, warum ich sie bisher noch nicht hatte loslassen wollen und können. Ich wusste auch, dass sie keine Krankheit war, sondern der Anfang des Aufwachens. Und als ich das erkannte, wusste ich, dass ich heilen würde und dass dies so viel mehr bedeutete, als nur den Schmerz loszulassen.

In der Nacht begann ich dieses Buch zu schreiben. Fast in Trance und noch ein wenig high von diesem Moment der intensiven Klarheit, tippte ich *Ich suchte Heilung und fand mich selbst* in ein Dokument auf meinem Laptop. Meine Finger glitten über die Tasten, und meine Gedanken bewegten sich im Takt des Ventilators an der Decke über mir.

Ein Gefühl von Aufregung machte sich in mir breit, wie vor einer großen Reise. Es fühlte sich an, als wäre nun endlich dieser eine Moment gekommen, auf den ich so lange gewartet hatte.

Als wäre nun meine Zeit gekommen. Die Zeit, in der ich bereit war, mich aus dem Kokon zu befreien und fliegen zu lernen.

Bald meldeten sich meine gewohnten Zweifel zu Wort. Wie sollte ein Leben in Gesundheit überhaupt funktionieren? Das, was ich mir so lange gewünscht hatte, wirkte mit einem Mal greifbar und plötzlich auch sehr herausfordernd. Lange Jahre hatte ich gedacht, dass ich nur ein Heilmittel finden müsste, und schon wäre alles gut. Ich hatte mich dabei nie gefragt, wie mein Leben anschließend aussehen würde. Ob ich überhaupt bereit wäre für eine so immense Veränderung.

An diesem Abend aber entschied ich, die Zweifel zwar wahrzunehmen, ihnen aber keine Energie mehr zu geben. Ich ließ sie durch mich hindurchfließen, schenkte ihnen aber bewusst keine weitere Aufmerksamkeit mehr, sodass sie nicht aufs Neue ihre Geschichten weben und sie mit Angst und Unsicherheit unterlegen konnten. Stattdessen sah ich das Licht, es kam aus mir heraus! Ein Raum tat sich auf in mir, in dem einfach *alles* möglich schien.

Ich warf einen Blick zurück. Selbst die einsamsten und unerträglichsten Stunden in tiefer Dunkelheit waren irgendwann vergangen. Und ich hatte sie überlebt, jede einzelne von ihnen. Minuten, in denen ich das Gefühl gehabt hatte, mein Kopf würde explodieren. In denen ich zusammengekrümmt auf den nackten Fliesen im Badezimmer lag, weil sie mich kühlten. Minuten, in denen ich meinen Kopf vor Schmerzen gegen die Wand schlug, weil ich den Zustand einfach nicht mehr ertrug. All diese Momente hatte ich durchgestanden. Sie hatten mich stark gemacht.

Denn Schmerz und Extreme kannte ich. Ich wusste, dass es nach jedem noch so dunklen Tief auch immer wieder einen Moment im Licht geben würde. Für diese Augenblicke hatte ich in den vergangenen Jahren gelebt. Was sollte stattdessen kommen?

Wie sollte ein Leben ohne das Auf und Ab aus Schmerzen und Selbstzweifeln aussehen? Wer war ich ohne diesen selbst gewählten Kreislauf? Worüber sollte ich sprechen, wenn ich nichts davon mehr hätte? Was würde ich mit all der Zeit anfangen, die ich dann plötzlich hätte? Die Angst in mir hatte so viele Fragen. Immer wenn sie überhandnahm, schnürte es meinen Hals zu. Ich hörte auf zu atmen und verkrampfte mich. Die Angst machte sich groß – und ich entschied, mich weder von ihr beherrschen zu lassen noch sie zu verdrängen, sondern sie einfach da sein zu lassen. Durch sie hindurchzuatmen, sie zu betrachten und von ihr zu lernen. So lernte ich die Angst in mir und damit mein wahres Selbst kennen.

Wann immer wir unangenehme Gefühle spüren, können wir uns selbst ein Stück näher kommen. Es sind die Bedürfnisse unserer Seele, die sich hinter diesem Gewand verbergen. Wir müssen nur hinschauen, mehr braucht es gar nicht.

Trotz aller Zweifel und Ängste war da plötzlich auch diese andere, weise und selbstbewusste Stimme. Zwei so starke Stimmen in mir ...

Ich spürte, ich war bereit, Abschied zu nehmen und meine alte Hülle fallen zu lassen. Am selben Abend schrieb ich einen Abschiedsbrief an die Migräne, und danach sollte nichts mehr so sein, wie es gewesen war. Ich erkannte, dass eine ernst gemeinte, verbindliche Entscheidung tatsächlich

Berge versetzen kann. Ich beschloss, von nun an meine Heilung als oberste Priorität zu sehen. Denn was würde es anderen bringen, mich an ihrer Seite zu haben, wenn ich ständig Schmerzen hatte oder benommen von den Tabletten war? Nichts. Und genau deswegen entschied ich, dass ich mir ab jetzt am wichtigsten sein und mich selbst heilen würde. Ein neuer Gedanke, gefolgt von einer klaren Entscheidung – und nichts konnte mich noch aufhalten.

Ich ging kleine Schritte, versuchte, Geduld mit mir zu haben und von Tag zu Tag zu schauen, wie ich mich mit mir selbst anfreunden könnte. Es war ein steiniger Weg mit einigen Rückschlägen, aber ich habe mich immer wieder zurückbesonnen auf den nächsten Schritt. Und so ist es auch jetzt: Nach meiner Meditation am Morgen sage ich mir selbst, dass ich heute mit meinem Herzen verbunden sein und das tun möchte, was meiner Herzenswahrheit entspricht. Ich sage mir, dass ich mich gut um mich selbst kümmern möchte. Dass ich mich selbst heute lieben möchte. Ich konzentriere mich auf diesen einen Tag. Auf die nächsten Schritte. Das macht es so viel leichter, vor allem dann, wenn das große Ziel nicht nur schön, sondern auch beängstigend erscheint. Und Veränderung hat immer das Potenzial in sich, uns Angst zu machen.

Was ist dein nächster Schritt?

Streu die Blumen aus und gehe ihn einfach, selbst wenn du es auf Zehenspitzen tust. Denn genau diese einzelnen Schritte sind es, die dich zum Ziel führen.

Durch meinen Moment der Erkenntnis, des Erwachens konnte ich mich freimachen von all dem, was die Mehrheit der Gesellschaft und die Wissenschaft über Heilung denkt. Nach nur drei Monaten hatte ich meine chronische Migräne um ungefähr neunzig Prozent minimieren können. Ich hatte aus mir selbst heraus die Heilung kreiert, die ich so lange im Außen gesucht hatte. Ich konnte es kaum glauben! Und es war längst nicht alles, was ich erfahren durfte. Ich hatte Heilung gesucht, und nun fand ich mich selbst. Mein wahres Wesen – und mit ihm mein inneres Glück.

In der Rückschau betrachtet macht jeder Schritt meines bisherigen Lebens Sinn, und ich bin trotz der vielen Momente voller Schmerz, Traurigkeit und Angst für jede einzelne Erfahrung dankbar. Denn ich habe durch all das, was war, so unglaublich viel gelernt und glaube fest daran, dass alles, was war, so gut ist, wie es ist. Das soll das Verhalten anderer nicht entschuldigen. Doch wenn wir anderen, die uns mobben, herabsetzen, verletzen, die physische und psychische Gewalt anwenden, lediglich die Schuld zuweisen, verharren wir auf dieser Ebene, statt in uns hineinzuschauen und uns aus der Opferrolle zu befreien. Wir haben nur selten Kontrolle über das Außen – doch wir können in jedem einzelnen Moment anfangen, an uns zu arbeiten und uns uns selbst zuwenden. Wir können Mitgefühl entwickeln für uns und für andere Menschen, denen es ebenso ergeht. Ich würde vermutlich heute nicht hiersitzen und dieses Buch für dich schreiben, wenn mein Leben anders verlaufen wäre. Und genau deswegen bin ich allen Menschen und Erfahrungen dankbar, denn durch sie konnte und kann sich meine Seele auf dieser Erde weiterentwickeln.

WEISHEIT

Das schönste Herz

Eines Tages stand ein junger Mann inmitten einer Stadt und erklärte, er habe das perfekteste Herz im ganzen Tal. Eine große Menschenmenge versammelte sich um ihn herum, und sie alle bewunderten sein Herz, denn es war ohne Fleck und Fehler. Alle gaben sie ihm recht, es war wirklich das perfekteste Herz, das die Menschen je gesehen hatten. Der junge Mann war sehr stolz und prahlte noch lauter über sein Herz.

Plötzlich tauchte ein alter Mann vor der Menge auf und sagte: »Nun ja, dein Herz ist nicht mal annähernd so schön wie meines.«

Der junge Mann und die Umstehenden sahen sich das Herz des alten Mannes an. Es schlug kräftig, aber es war voller Narben. Einige Teile waren entfernt und durch andere ersetzt worden. Sie passten nicht mal richtig, und außerdem hatte das Herz einige ausgefranste Ränder, tiefe Furchen und sogar Löcher. Die Leute starrten ihn an und dachten: Wie kann er behaupten, sein Herz sei schöner?

Der junge Mann sah sich das Herz des alten Mannes an, erkannte dessen Zustand und sagte lachend: »Das ist wohl ein Witz, dein Herz mit meinem zu vergleichen. Meines ist perfekt, und deines ist ein Durcheinander aus Narben und Tränen.«

»Ja«, sagte der alte Mann, »deines sieht perfekt aus, aber ich würde niemals mit dir tauschen. Jede Narbe

steht für einen Menschen, dem ich meine Liebe gegeben habe. Ich reiße ein Stück meines Herzens heraus
und reiche es ihnen, und oft geben sie mir ein Stück
ihres Herzens, das in die leere Stelle meines eigenen
Herzens passt. Aber weil die Stücke nicht genau passen,
habe ich einige raue Kanten, die ich sehr schätze, denn
sie erinnern mich an die Liebe, die wir teilten.

Manchmal habe ich auch ein Stück meines Herzens
gegeben, ohne dass mir der andere ein Stück seines Herzens zurückgegeben hat. Das sind die Furchen und Löcher. Liebe geben heißt manchmal auch, ein Risiko ein-
zugehen. Auch wenn diese Furchen schmerzhaft sind,
bleiben sie offen, und auch sie erinnern mich an die Liebe,
die ich für diese Menschen empfinde ... und ich hoffe,
dass sie eines Tages zurückkehren und den Platz ausfüllen
werden. Erkennst du jetzt, was wahre Schönheit ist?«

Der junge Mann stand still da, und Tränen rannen
über seine Wangen, denn er hatte die wahre Schönheit erkannt. Er ging auf den alten Mann zu, griff nach
seinem eigenen perfekten, jungen Herzen und riss ein
Stück heraus. Er bot es dem alten Mann mit zitternden
Händen an. Der alte Mann nahm das Angebot an und
setzte es in sein Herz. Dann nahm er ein Stück seines
alten, vernarbten Herzens und füllte damit die Wunde
im Herzen des jungen Mannes. Es passte nicht perfekt,
da es einige ausgefranste Ränder hatte. Der junge Mann
sah sein Herz an, das nicht mehr perfekt, aber schöner war als je zuvor, denn er spürte die Liebe des alten Mannes in sein Herz fließen. Sie umarmten sich und
gingen weiter, Seite an Seite.

VERFASSER UNBEKANNT

An jenem Tag auf Bali, auf der Massagepritsche, hatte ich mein eigenes »Herz« gesehen: meine Seele. Durch all die Schichten meiner Erfahrungen, Erlebnisse, Gedanken, Gefühle und all den vergangenen Schmerz hindurch hatte ich einen Blick auf meinen wahren Wesenskern werfen dürfen. Alles, was geschehen war, hatte ihn nicht zerstört, und ich erkannte nun, warum diese Erfahrungen für mich so wichtig waren und was meine Seele in Wahrheit brauchte, wonach sie durch meinen Körper förmlich zu schreien schien. Endlich konnte ich klarsehen: In mir war ich perfekt, so wie ich war. So wie du es bist.

DIE VIER SÄULEN
DER
HEILUNG

TEIL
2

»Einem Menschen, der die Schönheit einer
Blume sieht, werden dadurch vielleicht – sei es
auch nur flüchtig – die Augen geöffnet für die
Schönheit seines eigenen tiefsten Wesens, seiner eigenen wahren Natur.«

ECKHART TOLLE

IN UNZÄHLIGEN SEMINAREN, WORKSHOPS,
Fortbildungen, Besuchen bei Heilern, beim Ausprobieren von
Methoden und vor allem während meiner Ausbildung zum
Ganzheitlichen Coach habe ich viele unterschiedliche Tools
und Techniken gelernt. So groß war mein Durst nach Heilung,
nach Einssein mit mir und allem anderen. Manche sind kognitiv
greifbar, andere wiederum scheinen auf einer Ebene zu wirken,
die ich mir nicht logisch erklären kann, trotz all der vorhande-
nen Theorie. Von fundierten psychologischen Tools über Energiearbeit und Yin Yoga bis hin zum Schamanismus habe ich mir
von erfahrenen Menschen all das näher- und beibringen lassen,
was mich angesprochen, etwas in mir berührt hat. Dabei habe
ich meine Zweifel und all die alten Glaubenssätze darüber, was
möglich ist und was nicht, beiseitegelegt und stattdessen einfach
selbst erfahren, was in mir geschieht, wenn ich mich darauf ein-
lasse. Es öffnete meinen Horizont und hat mir meinen bunten
Werkzeugkasten gefüllt, mit dem ich nicht nur mir selbst helfen,
sondern auch andere Menschen bei ihren Herausforderungen
des Lebens unterstützen kann.

Anfangs teilte ich Ausschnitte meines Weges auf meinen
Social-Media-Kanälen und erzählte in meinem Podcast *Soul to*

go von meinen Erkenntnissen und Erfahrungen. Das Feedback war enorm, und es häuften sich die Fragen, was mir denn so sehr geholfen habe, meinem Selbst näherzukommen, glücklicher und gesünder zu sein. Das war gar nicht so einfach zu beantworten – schließlich sind wir alle Individuen, und auch wenn uns Menschen weit mehr verbindet, als uns voneinander trennt, bin ich doch überzeugt, dass jeder seinen eigenen Weg zu sich finden darf. Ich begann nachzuforschen und vor allem mein tägliches Leben wie auch meine Arbeit als Coach noch intensiver von der Metaebene aus zu betrachten. Ich sah gespannt zu, was wohin führte, welche Herausforderungen aufkamen, wann Knoten platzten und vor allem, wann es wirklich zu Durchbrüchen kam, aber auch, wann sich wieder altbekannte Muster und Symptome auftaten.

Mit der Zeit erkannte ich in allen Ansätzen einen ähnlichen Rhythmus. An dieser Stelle möchte ich deshalb die vier Säulen meines FLOW-Coaching-Konzeptes mit dir teilen, um auch dir eine Idee davon zu geben, welche Wege du gehen kannst. Vielleicht erkennst du dich beim Lesen gleich wieder, vielleicht machst du gerade aber auch eine Verschnaufpause, oder es geht kreuz und quer, du hast das Gefühl, stecken zu bleiben oder gar rückwärtszugehen ...

Ganz gleich, wie du bewertest, wo du gerade stehst: Du bist auf dem Weg, denn sonst würdest du dieses Buch nicht in den Händen halten. Und während du liest, beschäftigst du dich mit dem *Anerkennen* dessen, was ist, was war und was sein wird – der ersten Säule der Heilung (Kapitel 4). Alles, was es erst einmal braucht, ist deine Bereitschaft, weiterzulesen und dich in meine Worte hineinzufühlen. Während du ihnen folgst, beobachte dich dabei und nimm einfach wahr, was in dir aufkommt.

Beim Anerkennen geht es vor allem darum, in sich selbst Frieden zu finden, um dann gestärkt und ohne weitere Abwehr gegen das, was war oder ist, zur nächsten wichtigen Säule zu kommen, zum *Loslassen*. In Kapitel 5 wirst du vor allem lernen, was dieses Loslassen überhaupt ist und wie du es tun kannst. Ich zeige dir Möglichkeiten auf, wie du dich von altem, beschwerendem Ballast befreist und dadurch Raum für Veränderung schaffst, der Energie wieder erlaubst, sich zu bewegen. An diesem Punkt wirst du dich bereits viel freier fühlen, und auch wenn es noch ungewohnt und dadurch vielleicht auch mal etwas ungemütlich sein mag, wirst du wahrscheinlich schon hier spüren, dass nichts mehr ist wie zuvor. Denn das Gebäude, das du mit diesen Säulen errichtest, steht fest in der Erde verankert und kann nicht vom nächsten Wind davongeweht werden.

Manchmal denken wir, wir wären wieder ganz am Anfang, dabei ist das, was uns wehtut, oft nur der Wachstumsschmerz, den wir beim Bauen der nächsten Säule empfinden. Die dritte Säule ist die Selbstverantwortung. In Kapitel 6 lernst du aus tiefstem Herzen die volle Selbstverantwortung für dich und dein Leben zu übernehmen, die Verantwortung für all dein Denken, Fühlen und Handeln. Dann wirst du viel mehr Kraft und Energie für all das, was du dir wirklich in deinem Leben wünschst, zur Verfügung haben als je zuvor. Ich zeige dir, was du täglich dafür tun kannst, und mit einer Prise Humor kann das Ganze richtig Spaß machen. Denn auch das ist mir ein großes Anliegen bei meinem FLOW-Konzept: Respektiere dich selbst auf diesem Weg, aber nimm dich dabei nicht allzu ernst und verbeiße dich nicht in die Aufgaben. Denn FLOW heißt fließen, mit oder auch mal gegen den Strom, bis zum nächsten Hindernis auf deinem Weg, das dich lehrt, noch weiter loszulassen und die entstehende Welle zu surfen. Und wenn du mal wieder nicht selbstverantwortlich warst, festgehalten und dich dagegen gewehrt hast, das anzuerkennen, was war – dann macht das nichts. Statt uns lange darüber zu ärgern, sich selbst zu bemitleiden oder zu bewerten, gehen wir stattdessen einfach weiter. Einen Schritt nach dem nächsten, ganz in deinem Tempo und in deinem Takt. Und so kannst du auch die vierte Säule mit einer großen Prise Leichtigkeit angehen. In Kapitel 7 dreht sich alles darum, deine ureigene Lebenskraft wieder wahrzunehmen, zu aktivieren und zu stärken. Und hast du dich mit dieser Quelle einmal verbunden, hast du gelernt, anzuerkennen, loszulassen und selbstverantwortlich im Innen und im Außen zu leben, dann wird sich dein Leben verändern. Du wirst mehr mit dir selbst in Kontakt sein, mit dir und der Welt im Frieden sein und in leichten wie auch in herausfordernden Zeiten immer wieder an deiner inneren Kraftquelle zapfen und als *du selbst* durch dieses Leben schreiten können.

ANERKENNEN

»Das Mitgefühl mit uns selbst schenkt uns das Vermögen, die Verurteilung in Vergebung zu verwandeln, den Hass in Freundschaft und die Furcht in Respekt vor allen Lebewesen.«

JACK KORNFIELD

DIE ERSTE SÄULE DER Heilung ist das Anerkennen dessen, was in unserem Leben war und ist. Wir akzeptieren unsere Erlebnisse, Gefühle, Gedanken und Träume und würdigen sie: als Chance, daran zu wachsen und einen Blick auf unser wahres Selbst zu werfen, das sich hinter all den Schichten, die unsere Lebenserfahrungen um unseren innersten Kern herum bilden, verbirgt. Unser Leben anzuerkennen bedeutet auch, in die Selbstverantwortung zu gehen und uns unseren Wahrnehmungs- und Verhaltensmustern zu stellen. Wir alle sind dazu befähigt, uns ein Leben zu erschaffen, in dem wir Liebe, Geborgenheit und Heilung erfahren. Dann lass uns nun bei uns selbst beginnen.

ANERKENNEN UND WÜRDIGEN

Lege für einen Moment das Buch beiseite und umarme dich selbst. Nimm dir Zeit, die Gefühle aufsteigen zu lassen ... und betrachte sie ganz unvoreingenommen und ohne sie zu werten.

Wenn es dir lieber ist, kannst du dir auch einfach vorstellen, dich zu umarmen ...

Vielleicht spürst du, wie viel du dir bereits bedeutest. Bist du stolz auf dich, was du schon alles gemeistert hast? Hast du dich lieb?

Vielleicht spürst du aber auch Unsicherheit, Unbeholfenheit, Abwehr, Schuld, Schmerz, das Gefühl, nicht gut genug zu sein ... Dann atme tief in deinen Bauchraum und lass die Gedanken und Gefühle mit jedem Atemzug ein Stück mehr los.

In diesem Kapitel wenden wir uns Schritt für Schritt uns selbst zu, um unser Leben, so wie es sich zum jetzigen Zeitpunkt gestaltet, im Gesamten zu betrachten, Muster zu erkennen und damit einen wichtigen Schritt hin zur Heilung und Selbstliebe zu tun. Wir werden hinter die Reflexionen unseres Verstandes blicken, der von unseren Erfahrungen geprägt und dadurch in seiner Wahrnehmung und seinen Schöpfungen nicht frei ist. Vielleicht gelingt es uns ja, einen Blick auf unser wahres Selbst zu erlangen und zu erkennen, wer wir wirklich sind.

Mein eigener Heilungsweg basiert darauf anzuerkennen, was war und was ist, soweit ich es greifen kann. Und auch all das, was ich nicht greifen kann, was ich in diesem Moment nicht erfassen kann, anzuerkennen. Es da sein zu lassen, ohne den Druck, dass es eigentlich ganz anders hätte sein müssen.

Damit lasse ich die Vorstellung los, dass das, was war und ist, nicht so, sondern anders hätte sein sollen. Ich lasse den Teil meines aktiven Bewusstseins los, der zu wissen meint, was das Beste für mich und die gesamte Welt ist. Ich werde demütig und erkenne die Magie dieser Erde an: wie alles gleich einem Wunder miteinander verbunden ist, alles einander bedingt, voneinander profitiert.

In den vergangenen Jahren habe ich wieder gelernt zu staunen: wie die Bienen die Blumen bestäuben, die Pflanzen mithilfe des Lichts den Sauerstoff in unserer Atemluft erzeugen, wie die Brüste von Müttern nach der Geburt Milch produzieren ... alles Dinge, für die es in Büchern und im Internet logische Erklärungen gibt und die ich trotzdem unglaublich faszinierend finde. Denn egal, in wie viele schlaue Worte wir es verpacken, es bleibt ein Wunder, wie alles zusammenspielt. Und seien wir ehrlich: Die Wissenschaft mag hochspannende Theorien zur Entstehung des Universums aufbieten, doch was vor dem Urknall war, wenn es ihn denn gab, und noch weiter davor, und warum, weiß sie nicht. Immer wieder gibt es neue Theorien, manch alte sind mittlerweile überholt, und das, was am Ende zählt, ist das, woran wir glauben wollen. Unser Radius – das, was wir zu wissen glauben – ist im Vergleich zu den Wundern dieser Erde und des Universums so klein und unschuldig naiv. Offensichtlich gibt es etwas, das zu groß ist, als dass der Verstand es erfassen könnte. Eine Energie, eine Kraft – die Gesamtheit von allem.

Alles, was existiert, hat seinen Platz in dem Gefüge dieser Welt. Betrachtet man es einzeln statt in seinem Gesamtzusammenhang, ist es in seiner komplexen Bedeutung für das große Ganze meist nicht zu erkennen. Vielleicht lehnen wir es sogar ab, wie die Stechmücke, die abends um unseren Kopf schwirrt und die wir am liebsten loswerden würden, die aber dennoch einen wichtigen Platz im Ökosystem einnimmt. Alles steht miteinander in Verbindung und in Wechselwirkung zueinander.

Ganz ähnlich verhält es sich mit unserem Leben, den Erfahrungen, Erlebnissen und allem, was es ausmacht. Oft erkennen wir erst in der Rückschau, dass etwas trotz allem Schmerz, aller Ungerechtigkeit Sinn gemacht, uns näher zu uns selbst gebracht hat. Doch wir leben jetzt, und wir müssen nicht warten auf eine ferne Zukunft, in der wir unsere Vergangenheit verstehen. Wir können in diesem Augenblick damit beginnen, indem wir alles, was war, anerkennen und würdigen. Anerkennen bedeutet für mich das Loslassen der Idee, dass das Leben sich nur gut anfühlen müsste. Es ist ein Akzeptieren der Tatsache, dass es das eben nicht immer tut und dass das in Ordnung ist. Auch unangenehme Emotionen sind nur Facetten unseres Gefühlsspektrums – all der Farben, in denen wir die Welt wahrnehmen können.

WEISHEIT

Jeder Mensch hat dreiundachtzig Probleme

Es war einmal ein Bauer, der zum Buddha ging, um ihn um Rat zu bitten, denn sein Leben war voller Hindernisse und Sorgen.

»Ich habe ein Stück Land, das ich bewirtschafte, doch das Korn wächst nicht so, wie es sollte«, sagte er zum Buddha. »Erst war die Dürre zu groß, dann kam der Monsun zu früh, und nun ist die Ernte zur Hälfte verdorben. Auch mit meiner Frau ist es nicht einfach. Natürlich liebe ich sie und sie mich, aber sie keift ständig und hackt auf mir herum. Und die Kinder ... die entwickeln sich überhaupt nicht so, wie sie sollten. Bitte gib mir einen Rat, was ich tun kann.«

Der Buddha betrachtete ihn voller Mitgefühl und sagte: »Es tut mir leid, aber ich kann dir nicht helfen.«

Das wollte der Bauer nun gar nicht hören. »Was für ein Weiser bist du denn?«, schimpfte er.

Der Buddha antwortete ihm: »Jeder Mensch hat dreiundachtzig Probleme. Wenn man eines löst, kommt gleich wieder ein neues dazu.«

Der Bauer war erstaunt, davon hatte er noch nie gehört. Wieder hakte er nach, ob der Buddha nicht doch eine Lösung für seine Sorgen parat hätte. Daraufhin sagte der Buddha:

»Mit den dreiundachtzig Problemen kann ich dir nicht helfen. Aber was das vierundachtzigste angeht, wohl schon.«

»Was ist denn das vierundachtzigste Problem?«, fragte der Bauer.

Der Buddha sah ihn an. »Das vierundachtzigste Problem besteht darin, dass wir keine Probleme haben wollen.«

BUDDHISTISCHE ANEKDOTE

VERTRAUEN IN SICH UND DAS LEBEN

Wenn wir unser Verhalten, unsere Einstellungen, unsere äußere Erscheinung und somit unser gesamtes Leben anerkennen, so wie es ist, lassen wir die Kontrolle los und treffen die Entscheidung, vertrauen zu wollen: auf das große Ganze, einen Gott, die Kraft des Universums – welcher Begriff auch immer sich gut für dich anfühlt –, aber auch in die eigene Kraft, von innen heraus eine individuelle Realität zu erschaffen.

Ich möchte dir ein Beispiel geben. Als ich ein kleines Mädchen war, kam mir die Welt wie ein gefährlicher Ort vor, an dem nichts sicher war. Indem ich dies anerkenne, meine alten Wahrnehmungs- und Denkmuster heile und meinen eigenen Weg mit neuen Wahrnehmungen gehe, hat sich meine Realität geändert: Heute ist die Welt für mich ein Ort, an dem ich immer sicher bin, auch wenn ich mich einmal nicht sicher fühle. Ich weiß, hier kann ich als Seele wachsen und durch Freude und Schmerz jeden Tag etwas dazulernen.

Solange ich der Ansicht bin, dass meine Vergangenheit oder Gegenwart anders sein müssten, kann ich mich nicht vorwärtsbewegen. Ich verleugne das Leben, bin nicht eins mit dem, was ist. Bin nicht eins mit mir. Nicht im Fluss. Ich wehre mich gegen das, was war, weil ich es als falsch ansehe. Jedoch kann ich es nicht ungeschehen machen. Indem ich darauf beharre, dass es falsch war, was mir zugestoßen ist, gebe ich dem, was geschehen ist, weiterhin Macht über mich, meine Wahrnehmung, meine Gefühle und mein Verhalten. Wenn wir die Bewertung herausnehmen, sagen wir statt »Es war falsch« einfach nur: »Es war.« Dann können wir Mitgefühl mit uns empfinden, uns um uns kümmern, nicht zulassen, dass Angst und Schmerz uns vereinnahmen und wir uns mit ihnen identifizieren.

In den Jahren, bevor ich aufwachte, habe ich manchmal erahnt, was es in all dem Schmerz für mich zu lernen gab. Und manchmal tat es auch einfach nur weh, und ich habe mich gefragt, warum mir ständig so etwas passiert. Wenn ich zurückblicke, weiß ich: All das, was ich erlebt habe – all der Schmerz, die physische und psychische Gewalt –, ist genau so gekommen, wie es für mich und die Welt zu diesem Zeitpunkt richtig war. Denn es war für meine Entwicklung als Seele, für mein Wachstum wichtig: um zu erkennen, was in mir geheilt werden will. Um an den ursprünglichen, den Ur-Schmerz zu kommen. Es heißt nicht, dass ich es gut fand. Und es heißt auch nicht, dass ich Menschen für ihre Gewalttaten nicht zur irdischen Rechenschaft ziehen würde, ganz im Gegenteil. Aber es heißt, dass ich trotz allem darauf vertraue, dass alles einen tieferen Sinn hat. Einen, den ich ihm geben kann. Einen, den ich selbst vielleicht früher oder später nachvollziehen kann oder vielleicht auch nicht.

MÜSSTE, SOLLTE, HÄTTE ...

Vielleicht fragst du dich: Wie kann ich herausfinden, in welchen Bereichen ich mein Leben noch nicht anerkannt habe? Worte wie »müsste«, »sollte«, »hätte« oder »leider« weisen uns oft einen Weg hin zu den Bereichen, mit denen wir noch keinen Frieden geschlossen haben. Je nach Kontext können diese Worte uns zeigen, dass wir der Meinung sind, es hätte anders laufen sollen. Auch besonders starke Emotionen zu vergangenen Ereignissen und Erfahrungen können darauf hindeuten. Denn wären wir mit ihnen im Frieden, brauchte es diese Gefühle nicht, und das, was war, könnte zu Weisheit werden, uns als Erfahrungsschatz sogar stärken und uns näher zu uns selbst bringen.

> »Eine Erinnerung ohne die emotionale Aufladung wird Weisheit genannt.«
>
> JOE DISPENZA

Ich möchte dir ein Beispiel aus meinem eigenen Leben geben: »Damals nach dem Missbrauch hätte ich den Typen anzeigen sollen.« Das bedeutet: Ich wehre mich innerlich noch immer gegen das, was war. Wenn ich es hingegen anerkenne, sage ich stattdessen: »Ich habe mich damals nicht getraut, zur Polizei zu gehen. Ich hatte Angst.«

Spürst du den Unterschied, den es im Innern macht? Auch wenn ich es für richtig halte, Anzeige zu erstatten, erkenne ich an, dass mein damaliges Ich es aus mehreren Gründen nicht getan hat, ich erkenne an, dass es so war. Es hätte nicht anders sein müssen. Ich vertraue darauf, dass das, was zu diesem Zeitpunkt wichtig war, geschehen ist. Als es geschah, wollte ich nur, es wäre nicht passiert. Heute aber erkenne ich, wie wichtig dieser Schmerz für mich war. Auch wenn er mich erst einmal tief hinab in noch stärkere Migräne und Essstörungen hat wandern lassen, so habe ich mich nur dadurch wirklich auf den Weg der Selbstheilung begeben. Ansonsten hätte ich den Status quo des Schmerzes vermutlich so angenommen, wie er war, als das Beste, was es für mich wohl geben könnte, denn schließlich war ich ja krank (Hallo, alter Glaubenssatz!). Und das gilt auch für die Reinszenierungen meines Männerthemas, der Ohnmacht und der Opferhaltung. Darüber hinaus hat die Erfahrung in mir bewirkt, mehr Mitgefühl für mich und die Welt zu entwickeln. Für den Schmerz, den wir Menschen in unserem Leben auf unterschiedlichen Ebenen erleben und der manchmal dazu führt, dass wir Dinge sagen oder tun, die nicht der Liebe entstammen. Eine Erfahrung, die ich niemandem wünsche, hat mich letztlich näher zu mir selbst geführt.

Ein anderes Beispiel: »Ich hätte ihm früher sagen sollen, dass ich ihn nicht mehr liebe. Und ich hätte ihn nicht belügen sollen.« Das zeigt: Wieder wehre ich mich gegen das, was war. Anerkannt und selbstverantwortlich sage ich heute: »Ich habe ihm nicht die Wahrheit gesagt. Ich glaube, ich habe mich damals nicht getraut. Heute würde ich es anders machen wollen.« Ich verharre nicht in der Selbstanklage, sondern habe Mitgefühl mit mir und Verständnis für mich selbst entwickelt. Damals bin ich der Angst gefolgt, und das ist in Ordnung. Es ist bereits vergangen, ich kann es jetzt anders machen.

Oder ganz banal, aber alltäglich: »Das Wetter müsste viel besser sein. Es ist Juli, doch jeden Tag regnet es und ist zu kalt!« Mit solchen Aussagen wehren wir uns sogar gegen so simple Tatsachen wie das Wetter, statt einfach zu sagen: »Ah, es regnet schon wieder. Ich mag Sonne viel lieber ... Wo ist mein Regenschirm?« Wenn wir nicht mal den Regen und die Tagestemperatur anerkennen als das, was sie sind, unabhängig davon, ob sie uns gefallen, wie sollen wir dann die wirklich großen Brocken in unserem Leben anerkennen? Den Schmerz, die Trauer, das Leiden?

Sich nicht länger gegen das zu wehren, was war, heißt nicht, im täglichen Leben wehrlos zu sein. Immer dann, wenn sich zu wehren bedeutet, dass du dich selbst schützt – gegen Übergriffe gleich welcher Art –, gehst du auch in das Mitgefühl mit dir selbst, in die Selbstliebe. Ereignisse in der Vergangenheit hingegen können wir nicht ungeschehen machen. Wir können allerdings viel dafür tun, dass sie sich nicht wiederholen.

WER BIN ICH EIGENTLICH?

Immer früher stellen sich viele Menschen heute die Frage, wer sie eigentlich sind und warum sie auf dieser Erde sind. Sie wollen herausfinden, was ihre Aufgabe in diesem Leben ist, und vor allem wollen sie herausfinden, was sie wirklich glücklich macht. Das Leben von uns Menschen kann sich je nach der Zeit, in die wir geboren werden, je nach Geschlecht, Herkunft und Kulturkreis völlig unterschiedlich gestalten. Wir müssen nicht einmal so weit suchen: Selbst in unserem Freundeskreis, unter Gleichaltrigen, ja, sogar innerhalb einer Familie unterscheiden sich die Lebenskonzepte oft grundlegend voneinander. Ob du lieber allein zu Hause sitzt und dich in Bücherwelten vertiefst, ob du eine oder hundert Freundinnen hast, von Event zu Event springst, von Traum zu Traum driftest – alles ist möglich, alles ist erlaubt. Alles ist eine Facette von dir, von deiner Innenwelt. So unterschiedlich sich das Leben von uns Menschen auch gestalten mag, so verbindet uns doch eines: der Wunsch, glücklich zu sein. Das ist der »common link«, das, was uns mit allen fühlenden Lebewesen verbindet.

Meist ist die Art und Weise, wie wir unser Glück suchen, geprägt von Erfahrungen und unseren Annahmen über uns selbst. Solltest du zum Beispiel am liebsten allein sein mit deinen Büchern, aber nur deshalb, weil du Angst hast hinauszugehen, weil du bereits die Erfahrung gemacht hast, verletzt zu werden, oder vielleicht glaubst, nicht interessant, nicht gut genug zu sein, und dich deshalb abkapselst, lebst du nur einen Bruchteil des Lebens, das dir in Wahrheit offensteht. Wenn wir also unser Leben betrachten, um herauszufinden, wer wir sind, dann immer auch unter dem Gesichtspunkt, wie wir unsere Erfahrungen und Erlebnisse beurteilen und inwieweit wir von Schmerz und Glaubenssätzen in unserer freien Entfaltung beschränkt sind.

Früher begann der Prozess, sich zu fragen, wer man ist, oft zur Mitte des Lebens hin: dann, wenn einen die sogenannte Midlife-Crisis an dem bisher Bekannten zweifeln lässt, man Dinge hinterfragt und nach Neuem verlangt. Inzwischen ist diese innere Entwicklung meiner Erfahrung nach nicht länger einer bestimmten Lebensphase zuzuordnen. Immer mehr Menschen jeden Alters beginnen aufzuwachen und machen sich auf den Weg, auf die Suche nach dem, was wirklich zählt. In meinen FLOW-Coaching-Workshops und -Retreats lässt sich das sehr deutlich erkennen: Die Teilnehmerinnen sind meist zwischen neunzehn und sechzig Jahre alt, wobei sich der Kern um die dreißig bewegt. All die Vorurteile gegenüber dem Alter verfliegen übrigens schnell, sobald wir beginnen, uns mit der Seele zu beschäftigen. Dann begegnen wir uns nicht länger auf irdischer, sondern vielmehr auf seelischer Augenhöhe. Die innere Weisheit liegt oft viel tiefer, als die Jahre unseres derzeitigen Lebens vermuten lassen. Und besonders zu solchen Veranstaltungen kommen meiner Erfahrung nach eher ältere Seelen, die bereit sind für mehr: die längst spüren, dass es da draußen noch etwas anderes gibt als das Hamsterrad, in dem die Mehrheit der Menschen ein Leben lebt, das gerade mal »okay« ist, aber nicht glücklich. Menschen, die eine Unzufriedenheit in sich spüren und die ihren wahren Wesenskern spüren möchten.

Aus meiner Sicht sind wir alle unter den Schichten aus Erinnerungen, Mustern, Gefühlen, Erwartungen pures Bewusstsein. Das Zwiebelmodell meiner Coaching-Ausbilderin, der Psychologin Angelika Gulder, habe ich bereits zu Beginn vorgestellt: der Wesenskern, um den herum sich all unsere Lebenserfahrungen gemeinsam mit den dazugehörigen Glaubenssätzen schichten. Sie sind aus Annahme und Ablehnung, Liebe und Anerkennung, Angst, Schmerz, Misserfolg und vielem mehr gewachsen und bilden unsere gefühlte Realität. Unsere gesamte Umgebung – Menschen, Tiere und auch die Natur – hat einen Einfluss darauf, welche emotionalen Erfahrungen wir im Kindesalter machen und danach für die Wirklichkeit halten. Wenn unsere Eltern sich immer gut um uns gekümmert haben und uns dennoch der Hund gebissen hat, als Mama gerade unter der Dusche stand und nicht sofort kommen konnte, kann auch das ein prägendes Erlebnis gewesen sein, das zu gewissen Glaubenssätzen geführt hat. Vielleicht entwickeln wir Angst vor Hunden oder Angst, mit ihnen allein zu sein, oder wir gehen nun davon aus, dass nicht immer jemand da ist, der auf uns aufpasst, dass wir allein auf dieser gefährlichen Erde sind und uns gut schützen müssen. Wie sehr sich dies auf unsere Wahrnehmung des Lebens auswirkt, ist wiederum abhängig davon, welche Erfahrungen wir rund um die Beteiligten machen und wie unsere Bezugspersonen anschließend damit umgehen – ob sie Schuldgefühle haben, behaupten, es sei doch gar nicht so schlimm, uns vermitteln, wir hätten im Umgang mit dem Hund etwas falsch gemacht oder vielleicht einfach nur sagen, wir sollten uns nicht so anstellen.

Neben den Erfahrungen, die wir während und direkt nach unserer Geburt machen, lohnt es sich auch immer, einen Blick auf die Monate davor zu werfen, und zwar auf die Schwangerschaft. Denn all die Gefühle, die unsere Mutter erlebt hat, während sie mit uns schwanger war, haben auch wir in Teilen miterlebt. Das bedeutet meiner Meinung nach nicht, dass jede kleinste Verstimmung sich nachhaltig auf die Entwicklung des Babys auswirken muss, aber gewisse emotionale Zustände haben durchaus die Kraft dazu. Angst, insbesondere Existenzangst, fehlende Ursicherheit und Schuldgefühle treten häufig schon ganz früh im Leben zutage, ohne dass es Ereignisse nach der Geburt gab, die diese verursacht haben könnten. Auch vermutet man, dass vorangegangene Fehl- und Totgeburten einen Einfluss auf weitere Kinder haben können, weil die Mutter riesengroße Angst hat, sie könnte das Kind verlieren, der Wunsch nach Kontrolle herrscht, ob diesmal auch alles gut geht, und die unbändige Freude darüber, wenn es so ist.

Daher empfehle ich, auf dem Weg nach innen auch einmal etwas unkonventioneller vorzugehen und sich anzusehen, wie sich die gefühlte Realität der eigenen Mutter während der Schwangerschaft darstellte. Bei vielen meiner Coaching-Kundinnen konnten wir auf diese Weise einen neuen Zugang zu wichtigen Themen bekommen und sie dadurch leichter lösen. Vorgeburtliche Muster lassen sich oft dann erahnen, wenn ein Thema »schon immer« da gewesen ist und nicht erst nach einigen Lebensjahren aufkam. Es kann direkt mit unseren Eltern, aber auch mit früheren Generationen unserer Familie zusammenhängen. Oft hat es sich unbewusst immer wiederholt und kann nun gesehen und dadurch geheilt werden.

Wir haben auch schon darüber gesprochen, wie wir die primären Szenarien unseres Lebens wiederholen und warum das geschieht: weil wir unsere gefühlte Realität für wahr halten, uns entsprechend verhalten und dadurch die immer gleichen Erfahrungen kreieren. Wenn ich beispielsweise glaube, dass Männer nicht zuverlässig sind oder mich im Stich lassen, bin ich aufgrund meiner Ur-Erfahrungen unbewusst darauf programmiert, genau nach diesen Menschen und entsprechenden Situationen Ausschau zu halten, die meine negativen Glaubenssätze über das Leben bestätigen.

Wie du anhand meiner Geschichte im ersten Teil dieses Buches sehen kannst, habe ich das Gefühl der Unsicherheit, der Selbstablehnung immer wieder erfahren. Das heißt nicht, dass ich schuld daran war, sondern dass ich Verantwortung für das übernehme, was ich fühle, denke und wie ich handle. Auch wenn diese Programme aus der Kindheit oder gar über Generationen hinweg laufen, so können wir uns ihrer dennoch bewusst werden und neue, uns unterstützende Muster und Glaubenssätze entwickeln.

In unserer Gesellschaft wird Verantwortung meist mit Schuld gleichgesetzt, schon die Erziehungsberechtigten haften für ihre Kinder und bekommen somit einen offiziellen Schuldzuspruch für das, was ihre Kinder an verbotenen Dingen tun. Auf emotionaler Ebene führt Schuld nur dazu, dass wir passiv sind und unsere Energie dafür nutzen, den Schuldigen – uns selbst oder andere – zu suchen, anzuklagen und zu bestrafen. In Wahrheit bietet jede Wiederholung uns die Chance, unsere ersten schmerzlichen Erfahrungen und ihre Spuren in uns zu erkennen und zu heilen. Der Schmerz ist letztlich eine Form von Energie, die uns zur positiven Veränderung antreiben kann.

Doch wer sind wir nun? Unsere gefühlte Realität? Das gelebte und ungelebte Potenzial? Oder etwas Größeres? Unser innerer Wesenskern ist heil und immer schon heil gewesen.

»Euer Schmerz ist das Zerbrechen der Schale,
die euer Verstehen umschließt.
Wie der Kern der Frucht zerbrechen muss,
damit sein Herz die Sonne erblicken kann,
so müsst auch ihr den Schmerz erleben.«

KHALIL GIBRAN

Wenn ich sage: »Alles liegt in dir« oder »In dir ist alles heil«, »Du bist mit allem, was ist, verbunden«, so sind das nicht bloß schöne, tröstende Worte, die wir alle schon irgendwann mal gehört haben – Formulierungen dafür, dass wir so, wie wir sind, in Ordnung und nicht allein wären. »Alles liegt bereits in dir« reicht viel tiefer. Wir alle sind Kinder des Universums, und das nicht nur im übertragenen Sinn. Die allerersten Elementarteilchen, die sich während der Entstehung unseres Universums gebildet haben, bilden auch heute noch die Basis der gesamten existierenden Materie. All das, woraus wir bestehen, ist Teil dessen – Sternenstaub. Bei aller Vielfalt des Lebens haben wir doch alle die gleiche Essenz. Und so wie alles, was existiert, Energie ist, ist auch diese Essenz Energie von einer Schwingung, die unser Verstand nicht erfassen kann, wohl aber unser Bewusstsein – unsere Achtsamkeit. Die klare Essenzenergie ist unser wahres Selbst, der pure Wesenskern, der nichts anderes ist als reine Liebe.

In meinem Moment des Aufwachens wurde mir ein Blick auf mein wahres Inneres zuteil – und mit ihm die Antwort auf die Frage: Wer bin ich? Ich weiß nun, dass ich reine Energie bin, Liebe ... und dass all die Erfahrungen, all der Schmerz in meinem Leben diese Energie überlagern. Auch du kannst diesen Blick auf deinen inneren Wesenskern werfen. Denn alles ist bereits in dir: jene Essenz, die allem zu eigen ist, die in sich die Schwingung vom Ursprung des Lebens trägt, jene Energie, in der alle Antworten zu finden sind, wenn wir uns von den Überlagerungen befreien und unser Bewusstsein so klar ist, dass wir uns auf sie einschwingen können.

Ein Weg, der Essenz nahezukommen, ist die Achtsamkeit. Ein anderer besteht darin, die Überlagerungen – im Buddhismus auch Anhaftungen genannt –, unsere gefühlte Realität, anzuerkennen und loszulassen.

WEISHEIT

Ein buddhistischer Mönch und ein kleines Mädchen gingen im Wald spazieren. Sie blieben vor einem Baum stehen, und das Mädchen fragte:

»Lieber Mönch, bitte sage mir, welche Farbe hat dieser Baum?«

Und der Mönch antwortete: »Er hat die Farbe, die du siehst.«

BUDDHISTISCHE ANEKDOTE

FLOW Coaching

DIE LANDKARTE DEINES LEBENS

Mit der folgenden Aufgabe erstellst du eine Landkarte deines Lebens: Ereignisse, Erfahrungen, Gefühle, Gedanken, die prägend für dich waren.[2] Durch die bildliche Umsetzung wird es dir möglich, quasi von außen zu betrachten, wie dein Leben bis zum heutigen Tag abgelaufen ist. Auf diese Weise lernst du rote Fäden zu erkennen – Muster und Wiederholungen, die dich über dein Leben oder einzelne Phasen hinweg begleitet haben. Du kannst die übergeordneten Themen und Zusammenhänge in deinem Leben besser verstehen lernen und dadurch den ersten Schritt zum Loslassen gehen.

WAS DU BRAUCHST

Mehrere leere Blätter zum Notieren, Stift, ein großes Blatt oder Poster, je nach Belieben Lineal, Farbstifte und anderes kreatives Zubehör.

Beschreibung
- Unterteile die Zettel in Spalten von jeweils 0 bis 5 Jahre, 5 bis 10 Jahre, 10 bis 15 Jahre, 15 bis 20 Jahre usw.
- Sammle nun, was dir als Erstes einfällt an prägenden und wichtigen Lebenserfahrungen, und notiere sie in den dazugehörigen Spalten. Schreibe ganz spontan alles auf, was dir einfällt, ganz ohne Wertung und Reihenfolge. Solltest du dir bei Daten unsicher sein, dann forsche gerne in deiner Lebensgeschichte nach. Nutze diese Aufgabe vielleicht auch,

um mit Familienmitgliedern oder alten Freunden zu reden,
um Fotos anzusehen oder Tagebücher von früher zu lesen,
um die Tore deiner Erinnerung zu öffnen und deinem Unterbewusstsein zu sagen, dass du bereit bist für mehr Informationen und dass es jetzt alles schicken darf, was wichtig sein
könnte.

- Zu den Lebenserfahrungen können gehören: Erinnerungen
  von der Geburt an und auch Vorgeburtliches, wie zum Beispiel wichtig erscheinende Erfahrungen deiner Mutter, be-
  sondere Geburtstage und Familienfeste, lebende und ver-
  storbene Geschwister, Kindergarten, Schule, Ausbildung,
  Beruf, Partner, Beziehungsende, Freundschaften, Freund-
  schaftsende, Cliquen, Haustiere, psychische und physische Er-
  krankungen, Krankenhausaufenthalte, Krankheiten und Tod
  von Menschen in deinem Umfeld, Familienereignisse, Geburt eines Kindes, prägende Reisen, wichtige finanzielle Ereignisse, Umzüge, Hauskauf, Jobs, Ausbildungen – kurz: alles,
  was dich zu dem Menschen gemacht hat, der du heute bist.
  Anders als bei einem formellen Lebenslauf ist hier die persönliche Bedeutung wichtig: Dass du zum Beispiel die Grundschule erfolgreich abgeschlossen hast, ist möglicherweise ir-
  relevant, dafür aber kann zum Beispiel ein Streit mit der
  besten Freundin in der siebten Klasse besonders prägend gewesen sein.
- Lass dir Zeit mit dem Ausfüllen, und gehe ganz in Ruhe vor,
  über mehrere Tage oder auch Wochen verteilt. Sieh ab und
  zu nach, was bereits in den Spalten steht, und ergänze, wenn
  dir noch etwas dazu einfällt. Hat das Unterbewusstsein erst
  einmal ein »Go!« dafür bekommen, dass du bereit bist für Informationen, dann kommen oft ganz plötzlich längst vergessen geglaubte Erinnerungen hoch. Vertraue darauf, dass dir zu
  dem jeweiligen Zeitpunkt genau das einfallen wird, was für
  dich wichtig ist.

- Sobald du glaubst, für diesen Moment erst einmal alles Wichtige notiert zu haben, bringe die Ereignisse auf einem großen Blatt Papier oder am besten auf einem Plakat in eine für dich passende Form.

Ein Beispiel: Zeichne als Erstes eine horizontale Zeitachse von links nach rechts in der Mitte deines Plakats. Lege nun die jeweiligen Lebensjahre auf der Achse an. Trage anschließend alle wichtigen Ereignisse ein, indem du die schmerzlichen Erfahrungen unterhalb und die schönen oberhalb der Achse passend zu den Lebensjahren notierst. So kann sich eine Lebenskurve abzeichnen, die du auch nachmalen kannst – die Kurven sind wahrscheinlich wie bei einem EKG gut erkennbar, und du kannst nun bildlich vor dir sehen, wie sich dein Leben bisher für dich angefühlt hat.

- Sieh dir noch einmal all die notierten Lebensereignisse an. Manche sind oder waren mit starken Emotionen verbunden – Freude, Dankbarkeit, Niedergeschlagenheit, Verzweiflung, Wut, Angst – und haben für dich mehr Gewicht. Bitte kennzeichne nun alle emotional schwierigen Phasen mit einer dunklen Wolke und alle besonders glücklichen Phasen mit einer Sonne. Selbstverständlich kannst du anstelle von Wolken und Sonne auch andere Symbole wählen.

Du kannst deiner Kreativität bei der Gestaltung der Landkarte deines Lebens freien Lauf lassen – schließlich soll sie widerspiegeln, wie dein bisheriger Lebensweg verlaufen ist und wie du ihn wahrgenommen und bisher bewertet hast. Das obige Beispiel kann dir helfen, die Kurve gut zu erkennen. Wenn dir die Achsen und Symbole nicht entsprechen, darfst du gern kreativ werden. In meinen Workshops und Retreats habe ich schon zahlreiche Möglichkeiten kennengelernt, die Aufgabe umzusetzen, wie zum Beispiel als Baum mit tiefen Wurzeln, in Form einer Schnecke oder eines Schmetterlings, auch als einzelne Wolken in den unterschiedlichsten Grautönen.

FRAGEN

Bitte nimm nun die Landkarte deines Lebens zur Hand und beantworte dir die folgenden Fragen. Vielleicht möchtest du sie notieren, um einen direkten Vergleich zu haben, wenn du die Übung nach einiger Zeit wiederholst.

- Was fällt dir auf den ersten Blick auf, wenn du deine Karte betrachtest?
- Wo erkennst du mögliche Zusammenhänge oder rote Fäden? (Ziehe hier auch gerne Freunde und Bekannte hinzu, da sie möglicherweise einen freieren Blick auf dein Leben haben.) Entdeckst du Wiederholungen (zum Beispiel Krankheiten oder Krankheitsphasen, die nach einem bestimmten Muster wiederkehren; Männer, die immer oder zu bestimmten Zeiten irgendwie abwesend oder nicht geblieben sind; noch ein Job, bei dem du nicht wertgeschätzt wurdest, erneutes Mobbing). Wenn du einen oder auch mehrere Fäden findest, reicht das vollkommen. Vielleicht findest du auch erst einmal noch keinen, dann ist auch das in Ordnung, und du kannst dir sicher sein, dass es trotzdem weiter in dir arbeitet.
- Was ist daran neu für dich?
- Wie können dir diese Erkenntnisse dabei helfen, dich selbst und dein Leben jetzt anders zu betrachten?

Es darf so sein, wie es ist.

Es darf so gewesen sein, wie es war.

Es darf sich so anfühlen, wie es sich anfühlt.

Es darf sich so angefühlt haben, wie es sich angefühlt hat.

Nichts hätte anders sein müssen.

Auch wenn ich es mir gewünscht hätte.

Es ist okay, dass es mir nicht gefallen hat.

Nichts muss.

Alles ist einfach nur.

Ohne jedes Müssen.

Letztlich geht es beim Anerkennen um Vertrauen und Loslassen. Um die Abgabe von Kontrolle. Denn wo Kontrolle ist, da ist kein Vertrauen. Wir meinen immer, die Kontrolle würde uns helfen zu vertrauen, aber in Wahrheit funktioniert das nicht. Nicht in Beziehungen, nicht mit uns selbst und auch nicht mit dem Leben. Wenn wir im Kopf so sehr damit beschäftigt sind, bewusst oder unbewusst zu kontrollieren, was gerade in unserem Leben passiert, dann ist da kein Raum für Vertrauen, für unser Herz. Kontrolle geschieht im Kopf und Vertrauen im Herzen.

INS VERTRAUEN KOMMEN – DU SCHAFFST DAS!

Sich selbst vertrauen? Mit dem eigenen Herzen verbinden? Immer wieder werden wir dazu aufgefordert, aber niemand erklärt uns so richtig, wie es geht und wie wir da hinkommen. Und wenn wir dort sind, scheinen wir uns nicht mehr so richtig an den Weg zu erinnern, um ihn anderen aufzuzeigen. Ich möchte es aber versuchen. Möchte dir einen möglichen Weg aufzeigen, wie du dich mit deinem Herzen verbinden kannst und dir selbst vertrauen lernst. Und wie du das aktiv üben kannst.

Wenn wir uns ganz weit von uns selbst entfernt haben, uns nicht mehr spüren, nicht mehr wissen, wer wir eigentlich sind und was wir wirklich wollen, braucht es die Verbindung zu unserem Herzen umso mehr. Denn sobald wir uns mit unserem Herzen verbinden, können wir unsere innere Stimme wieder besser wahrnehmen und uns selbst mehr vertrauen. Und glaube mir, das kann dein Leben verändern. Es wird dein Leben verändern! Aber dafür braucht es deinen Einsatz für dich selbst. Die Entscheidung, dies für dich auszuprobieren und es immer wieder anzuwenden. Willst du es versuchen? Dann los!

ÜBUNG

Setze dich für einen Moment ganz entspannt, aber aufrecht hin. Nimm deine Atmung wahr … wie sich deine Bauchdecke beim Einatmen hebt und beim Ausatmen senkt … Nimm wahr, wie dein Atem von ganz allein fließt … Er erhält dich am Leben, er durchströmt deinen ganzen Körper … und du musst nichts dafür tun … Dein Körper atmet von ganz allein … und du kannst es einfach beobachten.

Lege nun für einen Moment beide Hände auf dein Herz ... so, dass du es schlagen spürst ... Nimm den Takt deines Herzens wahr ... auch das macht dein Körper von ganz allein ... Was für ein Wunderwerk, oder? Du musst nichts dafür tun ... Dein Herz schlägt, dein Atem fließt ... alles geschieht von ganz allein ...

Jetzt erinnere dich für einen Moment an all die großen und kleinen Herausforderungen deines Lebens ... daran, wie du sie gemeistert hast ... Denn das hast du, schließlich bist du noch immer hier und liest gerade diese Zeilen, dieses Buch ... Erinnere dich daran, wie du immer wieder aufgestanden bist, egal, wie tief du gefallen warst ... Etwas in dir scheint so sehr leben zu wollen, dass du trotz allem noch da bist ... dass du heute aufstehst und den Tag gestaltest ... Sei dir selbst einen Moment dankbar für diesen Einsatz für dich selbst. Dafür, dass es tief in dir eine Kraft gibt, die dich immer wieder antreibt, die dich aufstehen und weitergehen lässt. Danke dir selbst für all das, was du in deinem Leben schon geschafft hast ...

Atme nun tief ein und wieder aus. Lies die folgenden Zeilen und spüre nach, was sie in dir bewirken ...

Dein Herz zu öffnen bedeutet vor allem, dich selbst und die Erfahrung, die du gerade machst, und das, was du dabei spürst, zu erleben. Es bedeutet zuzulassen, dass das Leben passieren darf. Es bedeutet anzuerkennen, was du wahrnimmst, was es in dir denkt und fühlt, und es erst einmal geschehen zu lassen. Zu erkennen, dass du das Leben selbst bist und dass all das, was in dir passiert, dein Leben ist.

Das Herz zu öffnen bedeutet auch, bewusst Entscheidungen zu treffen. Du kannst immer entweder der Angst oder der Liebe folgen. Der Liebe mit einem offenen Herzen zu folgen bedeutet, vor allem auch immer dann ehrlich und authentisch zu sein, wenn du aus Angst vor Schmerz lieber einen Rückzug mach und nicht deine Wahrheit sprechen möchtest. Das fühlt sich oft erst einmal unbequem an, es ist unsicher, denn wir denken, dass wir dann weniger Kontrolle über das Außen haben. Stattdessen lassen wir unsere Vorstellungen davon, was sein soll, los und kommen ins Vertrauen. Das heißt nicht, dass der Weg des Herzens sich immer leicht anfühlt und nur pure Freude ist. Oft ist er das anfangs nicht, aber dahinter liegt die Freiheit. Nämlich die Freiheit, du selbst zu sein. Die Freiheit, die Liebe zu sein, die du bist. Und diese Energie in dir wird dir die Kraft für alles geben, was auf deinem Lebensweg liegt.

Atme ein-, zweimal tief ein und aus und wiederhole diese Übungen, wann immer du einen Zugang zu deinem Herzen haben und ins Vertrauen gehen möchtest.

Bonus-Aufgabe für besonders Motivierte

Manchmal ist ein Blick von außen hilfreich, um uns zu vergegenwärtigen, dass wir alle mit einer ganz persönlichen Brille auf unser Leben sehen.

Such dir eine Person, die bisher möglichst nicht so nah in dein Leben involviert war, wie zum Beispiel eine recht neue gute Freundin, und frage sie, ob sie dir 30 Minuten Zeit schenkt. Bitte sie, dir für diesen Zeitraum (und es ist ganz wichtig, dass sie sich daran hält) einfach nur interessiert zuzuhören und nur reine Verständnisfragen zu stellen.

Anschließend setzt ihr euch gegenüber, deine Lebenskarte zwischen euch, und du erzählst ihr von den wichtigsten Stationen, die dich zu diesem Menschen gemacht haben, der du heute bist. Wenn ihr beide mögt, dann sucht anschließend gemeinsam nach Wiederholungen, Zusammenhängen und roten Fäden. Lass dich überraschen, was dein Gegenüber mit seinem Abstand zu dir erkennt und was du bisher vielleicht noch nicht gesehen hast.

Diese Übung mache ich in meinem FLOWsisters Basic Retreat relativ am Anfang, und sie ist jedes Mal unglaublich kraftvoll. Fast alle haben Angst davor, sich einer bisher fremden Frau derart zu anzuvertrauen, doch sobald sie sich getraut haben, ihr Herz weit zu öffnen, fließen oft Tränen vor Erleichterung und Dankbarkeit für diese Möglichkeit und die neuen Erkenntnisse, die daraus entstehen. Manchmal braucht es gar nicht viel mehr, als dass wir uns einmal wirklich Zeit dafür nehmen, hinsehen und verstehen. Trau dich und teile gerne auf Instagram deine Erkenntnisse mit mir und mit uns unter #meinFADEN und #meinelebenskarte. Es ist magisch!

Erinnerst du dich, was ich zu Beginn dieses Buches geschrieben habe? Dass wir dann, wenn wir erkannt haben, wie all die wahllos erscheinenden Dramen im Leben zusammenhängen, damit beginnen können, ein neues Leben zu leben. Der erste Schritt ist das Anerkennen, was auch immer war und ist. Indem wir etwas anerkennen, akzeptieren wir ein vergangenes Ereignis oder Gefühl als richtig und wahr, wir nehmen hin, was geschehen ist, statt uns im Nachhinein dagegen zu wehren, und würdigen es: als Möglichkeit, daran zu wachsen und in der Tiefe zu heilen. Wir spalten es nicht länger ab oder verdrängen es. Stattdessen sind wir bereit, es anzusehen, so wie es ist, und zu fragen, was es uns sagen möchte. Gehen wir auf diese Weise mit unseren Erfahrungen um, so helfen sie uns dabei, unsere Ganzheit wieder zu spüren.

Das bedeutet nicht, dass es sich immer schön und leicht anfühlt. Aber indem wir alles anerkennen, befreien wir uns von Schuldgefühlen und Schuldzuweisungen, von Urteilen und Bewertungen. Schwach, stark, alles darf sein. Wir nehmen das

Leben an, wie es auch kommt und wie es sich gerade anfühlt, und erfahren dabei, dass wir die Kraft dafür haben.

Das Leben ist immer für dich.

Dein Körper ist immer für dich.

Vergiss das nicht!

HERAUSFORDERUNGEN

In meinem Leben hat sich viel um Krankheit und Schmerz gedreht. Sie haben mich herausgefordert, sodass ich alles Erdenkliche getan habe, um ihnen auszuweichen, sie loszuwerden – bis ich schließlich anerkennen konnte, dass es sie gab, und dahinterblicken wollte, um ihre Botschaft an mich zu verstehen. Als ich erkannte, dass etwas in mir immer heil und ganz ist, auch wenn die Migräne in meinem Kopf hämmert, konnte ich wachsen und meine Lebenskraft wiedererlangen.

Vielleicht ist es bei dir ganz ähnlich. Oder du siehst dich anderen Herausforderungen in Beziehungen oder deiner Arbeit gegenüber ... Der Prozess, den wir in den unterschiedlichen Lebensfeldern durchlaufen, ähnelt sich sehr.

Ich glaube nicht, dass Krankheit in erster Linie etwas ist, das es einfach wegzumachen gilt – ebenso wenig wie eine schmerzliche Beziehung oder eine Arbeit, die uns unglücklich macht. Das, was sich ursprünglich dahinter verborgen hat, wird sich meiner Erfahrung nach auf eine ähnliche oder auch auf eine andere Weise erneut bemerkbar machen. Der Luftballon, den wir versuchen, unter Wasser zu drücken, ploppt früher oder später an anderer Stelle wieder hoch.

Ich habe für mich in meinem Leben beschlossen, nicht automatisch das zu glauben, was die Allgemeinheit für wahr und richtig hält. Ich möchte, was sich vermutlich die meisten Menschen wünschen: Ich will glücklich und gesund sein, mich entfalten und ein erfülltes Leben leben. An meinen Wünschen möchte ich meine Worte und Taten ausrichten. Ich will mich nicht nur dem Leben hingeben, sondern ich will es aktiv gestalten und dafür auch über meine bisherigen Glaubenssätze und Muster hinausschauen und entsprechend handeln. Und deswegen öffne ich mich regelmäßig für das, was mir bisher unmöglich erschien, und möchte auch dich an dieser Stelle dazu einladen.

Stell dir einmal vor, was wäre, wenn deine Seele durch deinen Körper mit dir spräche oder es zumindest versuchen würde? Was könnte sie dir sagen wollen? Was könnte die versteckte Botschaft hinter dem Symptom sein, das du an dir wahrnimmst? Wofür könnte dieser Teil deines Körpers emotional und spirituell stehen? Was würde er sich von dir wünschen, wenn er sprechen könnte?

Ganz gleich, ob es chronische Schmerzen, eine Blasenentzündung, ein gebrochener Arm oder Stresssymptome sind: Stell dir diese Fragen und hör einfach hin.

In unterschiedlichen Teilen der Welt existiert ein uraltes, von Generation zu Generation überliefertes Wissen darüber, welche Körperteile und Symptome im Zusammenhang mit welchen seelischen Themen stehen. Hierzu gibt es keine Studien mit Versuchstieren und Hightech-Medizin, dafür aber Menschen, die ihren Erfahrungsschatz immer weitergetragen haben. Manchmal begegnen wir Heilern, die uns helfen und uns den Weg zurück zur Harmonie von Körper, Seele und Geist weisen, doch wir können auch uns selbst befragen: den Teil von uns, der heil ist und weiß, was mit uns geschieht.

Wenn der Körper schreit vor Schmerz, dann wird es höchste Zeit für uns, dass wir uns wieder uns selbst zuwenden. Denn es bedeutet, dass unser System nicht anders zu uns durchdringt, weil unser Kopf voller Gedanken, Erwartungen und Ängste ist und unsere Glaubenssätze so aktiv sind, dass wir nur noch wenig in Kontakt mit unserem wahren Selbst kommen. Der Fluss von Körper, Geist und Seele ist gestört, und so bedient sich die Seele des Körpers, um sich Gehör zu verschaffen. Wenn wir noch immer nicht hinhören, dann ist es wie mit einem kleinen Kind: Das Geschrei wird lauter. Und lauter! Also warum es nicht einfach mal ausprobieren und uns selbst Gehör schenken?

ÜBUNG

Setze dich gemütlich hin, schließe, wenn du magst, die Augen. Nun nimm Kontakt auf mit dem bisher ungewollten Symptom. Spüre einfach hin, wie es sich anfühlt. Ob es immer gleich ist oder sich, während du dasitzt, bereits verändert. Ob es stärker wird oder schwächer. Beobachte erst einmal … ganz in Ruhe und mit dem Wissen, dass du nichts weiter tun musst. Für diesen Moment ist alles gut so, wie es ist. Spüre einfach nur hin, wie es sich anfühlt.

Und wenn du das Gefühl hast, einen Kontakt hergestellt zu haben, dann stell diesem Symptom oder dem kranken, schmerzenden Teil deines Körpers die folgenden Fragen. Beobachte ganz offen, ob vielleicht ein Gedanke, ein Bild oder ein Gefühl als Antwort in dir aufsteigen möchte.

Frage nun:

Warum bist du gekommen?

Was möchtest du mir sagen?

Was wünschst du dir von mir?

_____

_____

_____

_____

Konntest du eine Antwort bekommen? War sie deutlich oder mehr eine Ahnung? Oder hat sich vielleicht dein Kopf dazwischengestellt? Hat er dich mit Zweifeln oder eigenen Theorien abgelenkt? Auch das ist völlig in Ordnung und verständlich.

Es ist anfangs oft ungewohnt, mit dem eigenen Sein wieder in Kontakt zu treten. Und dennoch möchte ich dich einladen, dich für auftretende Gedanken und Gefühle und ihre Botschaft an dich zu öffnen. Eine Botschaft, die dich auffordert, deine Seele durch all die Schichten aus Erfahrungen, Gedanken und Gefühlen hindurchscheinen zu lassen.

Vielleicht ist die Art und Weise, wie dein Körper zu dir spricht, noch ungewohnt und leise, kaum hörbar. Gib dir selbst die Gelegenheit, dir zuzuhören, und nimm regelmäßig Kontakt zu den Symptomen deines Körpers auf.

In meinem Fall kommuniziert meine Seele bisher am liebsten mit mir über den Kopf. Wenn man so will, dann bekomme ich regelmäßig eine Art Schlag auf den Kopf, wenn ich gerade wieder auf Abwegen unterwegs bin ... wenn ich zu sehr dem Wollen meines Egos folge, anstatt mit den Bedürfnissen meines Innern in Einklang zu sein.

Es gibt verschiedene Theorien dafür, wofür Migrä ··nd Kopfschmerzen stehen. Die einfachste lautet: Im Kopf ¹

sich das Gehirn, der Ort, an dem die Signale aus den Nervenbah-
nen empfangen und übersetzt werden, wo die Wahrnehmung
der Sinnesorgane den persönlichen Glaubenssätzen zufolge ge-
deutet wird, wo Gedanken entstehen und mithilfe von Assoziationen fortgesponnen werden und wo die entsprechenden Gefühle entstehen.

Mein Kopf lief früher regelmäßig heiß wie eine überladene
Festplatte. Nach der Überhitzung folgte der Crash. Nichts ging
mehr. Heute weiß ich: Die starken Schmerzen, die ich all die
Jahre hatte, wollten nichts anderes, als mich jedes Mal darauf
hinweisen, dass ich auf irgendeine Art nicht meinem eigenen
Wesen entsprechend gehandelt habe. Ich habe entweder nicht
meine komplette Wahrheit gesprochen oder nicht nach ihr gehandelt. Als kleines Mädchen habe ich mich oft nicht getraut
zu sagen, dass ich anders denke als die älteren Menschen um
mich herum. Ich bin auch nicht gegangen, wenn es mir zu laut
wurde, wenn alle durcheinanderredeten. Stattdessen habe ich
mich selbst übergangen, bin selbst laut geworden und habe
meine Wahrheit in mich hineingefressen. Und es ist auch heute
noch so: Wann immer ich mich von mir selbst entferne, kommt
der Schmerz als Warnsystem, um mich daran zu erinnern, dass
gerade etwas falschläuft.

Über Jahre hinweg hat mein Körper schnell mit Migräne
reagiert, damit ich mir nicht noch mehr schade. Inzwischen
stehe ich in viel engerem Kontakt mit meiner Seele. Mein Körper lernt mir zu vertrauen, dass ich auf mich und ihn aufpasse.
Und so lassen die Symptome nach. Ich habe begriffen, dass er
mir nie schaden wollte. So wie auch dein Körper dir nicht schaden will, wenn er mit Schmerz und Krankheitssymptomen reagiert. Er will dich lediglich vor einem noch größeren, dauerhaf-
ten Schmerz beschützen.

Als ich begann, öfter meine Wahrheit zu sprechen, bekam
ich meist Herzrasen vor Aufregung und hatte Angst vor den

Folgen. Und auch heute fühlt es sich manchmal noch wagemutig an. Mich zu verleugnen ist für mich jedoch keine Option mehr, denn das wahre Eins- und Freisein mit und in mir selbst spüre ich nur, wenn ich authentisch bin und meine Wahrheit spreche und lebe.

FLOW Coaching

DIE WAHRHEIT SPRECHEN

Nun sieh noch einmal für einen Moment auf deine Lebenslandkarte, auf all das, was sich schmerzhaft und unangenehm angefühlt hat.
Und dann frage dich:

Habe ich hier meine Wahrheit gesprochen?
- Falls nein, warum nicht? Was waren deine Befürchtungen?
- Falls ja: Was ist passiert, wenn du deine Wahrheit gesprochen hast? Was können daraus für mögliche Glaubenssätze entstanden sein?

Was war dir durch diese Glaubenssätze möglich? Wo haben sie dir gedient?
Willst du heute noch an diese Sätze glauben?
Warum nicht?
Woran möchtest du stattdessen anfangen zu glauben?
Was ist dir möglich, wenn du diesen Glauben entwickelt hast?

_____

_____

_____

_____

_____

_____

SCHMERZ UND LEID

Schmerz ist ein Teil unseres Lebens, der zur Erfahrung des Menschseins auf dieser Erde dazugehört. Wir alle erfahren in unserem Leben physischen und psychischen Schmerz. Menschen, die wir lieben, werden krank und sterben, wir werden krank, Beziehungen gehen auseinander, Jobs werden gekündigt, Geld wird gestohlen, wir werden belogen – all dies sind Erfahrungen, die zum Leben dazugehören. Blicken wir zurück auf schmerzhafte Zeiten, die wir durchgestanden haben, merken wir oft, dass wir dadurch besonders gewachsen sind: dann nämlich, wenn wir den Schmerz anerkannt, gewürdigt und letztlich losgelassen haben.

Schmerz ist nichts anderes als eine Form von Energie. Und wie alle Energien ist er damit veränderlich. Wenn wir Achtsamkeit üben, kann es uns gelingen, ihn einfach zu betrachten, ohne ihm noch mehr Energie zu schenken und ihn dadurch noch größer zu machen, als er ist.

Schmerz ist eine Energie, die uns auch antreiben und nach vorne bringen kann, wenn wir nicht anfangen, auf Schmerzen mit Leiden zu reagieren.

Wenn wir auf schmerzhafte Gefühle mit Widerstand und Ablehnung reagieren, wenn wir verdrängen, am liebsten weglaufen wollen oder aber den Schmerz festhalten, uns mit ihm identifizieren, dann entsteht Leid. Wir empfinden Zorn, Eifersucht, sind frustriert, resigniert, verletzt, nervös, verwirrt ... und wir halten auf diese Weise am Schmerz fest.

Schmerz ist unvermeidlich, doch Leid nicht. Der erste Schritt ist, den Schmerz anzuerkennen, und tief in uns zu verstehen, dass er zu unserer Erfahrung des Menschseins dazugehört. Sobald wir uns nicht länger gegen ihn wehren, besteht der nächste Schritt darin, ihn loszulassen und uns damit auch vom Leid zu befreien. Wie Loslassen funktionieren kann, erfährst du im nächsten Kapitel.

LOSLASSEN

»Jede schwierige Situation, die du jetzt meisterst,
bleibt dir in der Zukunft erspart.«

DALAI LAMA

JEDE VON UNS TRÄGT einen Rucksack mit einer Menge
Gewicht mit sich herum: alte Verletzungen, ungelöste Konflikte,
Schuldgefühle, Verdrängtes, Kränkungen, vergrabene Hoffnungen und Träume ... Manches davon haben wir so gut verstaut,
dass wir uns schon fast nicht mehr daran erinnern, bis plötzlich irgendein Auslöser das Ereignis wieder in unser Bewusstsein holt und wir merken, dass wir mit dem Thema noch längst
nicht abgeschlossen haben. Anderes hegen und pflegen wir, wie
zum Beispiel Rachegelüste und Groll, weil wir uns ungerecht
behandelt fühlten. Wieder andere Erlebnisse hängen uns jahr-
zehntelang nach und haben uns so tief geprägt, dass sie noch
immer einen Einfluss auf unsere Wahrnehmung, unsere Gefühle, Gedanken, unser Verhalten und manchmal auch unsere

Gesundheit nehmen. Ein paar Dinge lassen wir mit der Zeit ganz von selbst los, weil das Leben seinen Lauf nimmt, wir uns verändern und sie an Bedeutung verloren haben. Die erste Liebe, deren Ende ganz furchtbar geschmerzt hat, eine Kündigung, über den Haufen geworfene Lebenspläne ... all das bewerten wir mit etwas Abstand und aus einer neuen Perspektive heraus möglicherweise gelassener.

Ob wir nun bewusst oder unbewusst an etwas festhalten: Die Tatsache, dass wir es tun, macht es nicht ungeschehen. Denn das Ereignis fand in der Vergangenheit statt, wir haben keine Möglichkeit, es ungeschehen zu machen. Wir können jedoch unseren Teil dazutun, dass es sich nicht wiederholt. Jedoch nicht, indem wir uns daran klammern, sondern, indem wir uns davon befreien.

Wir alle können bewusst daran arbeiten, unsere Last wieder leichter zu machen und mit weniger Gepäck zu reisen. Wenn wir Hoffnungen, Menschen, Ängste Sorgen, Neid, Wut, Traurigkeit oder auch ganz alltägliche Dinge gehen lassen, haben wir viel weniger Stress. Dann ist unser Leben im Alltag, aber auch in schwierigen Situationen, leichter, und wir reagieren besonnener. Wir haben eine höhere Lebensqualität.

Aber was ist Loslassen eigentlich? Und wie funktioniert es?

VOM FESTHALTEN UND LOSLASSEN

Die folgende kleine Übung mache ich gern bei meinen FLOW-Coaching-Retreats und -Workshops, da sie einen wichtigen Aspekt des Loslassens verdeutlicht.

Nimm einen Stift in die Hand. Und jetzt lass ihn los …

Liegt der Stift irgendwo außerhalb deiner Hand? Wenn ja, frage dich: Ist das wirklich loslassen?
Vermutlich ist dir klar, worauf ich hinauswill: Nein, das ist fallen lassen, und zwischen fallen lassen und loslassen besteht ein riesengroßer Unterschied.

Lege den Stift bitte noch einmal zurück in deine Hand, drehe die Handfläche nach oben, und dann öffne die Finger, während der Stift in deiner Hand ruht.
Nun halte ihn noch einmal fest. Und öffne die Hand wieder.

Das ist loslassen. Denn du hältst nicht mehr fest, lässt den Stift aber auch nicht fallen. Du lässt ihn frei. Er kann sich nun in deiner Hand bewegen, ein wenig nach links oder rechts kullern.

Wenn du etwas fallen lässt, wie den Stift in der Übung zuvor, dann ist es ein wenig so, als würdest du aufgeben. Du lässt den Stift herunterfallen, und er liegt nicht länger in deiner Hand. Er ist weg. Wenn du ihn aber freilässt, dann gibst du ihm einfach mehr Raum. Übertragen bedeutet es, den Menschen oder Dingen die Möglichkeit zu geben, sich zu entfalten. Du hältst nicht an jemandem oder etwas fest, weil du Angst davor hast, wie er, sie oder es sich verändern und von dir entfernen könnte. So wie der Stift sich nicht frei bewegen kann, wenn wir ihn festhalten, so kann sich im Leben nichts wirklich entfalten, solange wir uns daran klammern.

Festhalten bedeutet Kontrolle. Wir haben etwas (noch) nicht als das anerkannt, was es ist, klammern uns an unsere Erwartungen davon, wie es sein sollte. Manchmal untermauern wir unsere Vorstellungen mit Dogmen, erheben Anspruch darauf, recht zu haben, und wehren uns mit aller Kraft gegen das Loslassen. Symptome für die Anhaftung sind Stress, Anspannung, Schlafstörungen, kreisende Gedanken.

Wann immer wir in einer Situation verharren, die uns nicht guttut, uns sogar schadet, halten wir fest. Die Krankheit, die einseitige Liebe, die Freundschaft, die stagniert, die Arbeit, in der wir nicht wachsen, das Problem, das uns nachts wach hält, und oft auch Dinge, die andere angehen und nicht uns ...

WEISHEIT

Ein alter und ein junger buddhistischer Mönch laufen einen Pfad entlang. Nach einer Weile kommen sie zu einem Fluss, der eine starke Strömung aufweist. Gerade als sie sich bereit machen, ihn zu durchqueren, sehen sie eine hübsche junge Frau, die Schwierigkeiten hat, aus eigener Kraft ans andere Ufer zu gelangen. Sie bemerkt die Mönche und bittet sie um Hilfe. Der alte Mönch nimmt sie auf die Schulter und trägt sie ans andere Ufer. Sie bedankt sich und geht ihrer Wege. Der junge Mönch ist erzürnt über das Verhalten des älteren, denn eine Frau zu berühren ist in seinem Orden nicht gestattet. Auch Stunden später ist er noch immer voller Zorn. Der alte Mönch fragt ihn, was ihn beschäftigt.

»Das weißt du genau! Uns ist es nicht erlaubt, eine Frau anzufassen! Wie konntest du sie nur durch den Fluss tragen?«

Der alte Mönch antwortet: »Ich habe die Frau vor Stunden am Ufer gelassen, aber wie es aussieht, trägst du sie noch immer mit dir herum.«
BUDDHISTISCHE ANEKDOTE

Wenn wir loslassen, freilassen, dann kommt etwas in Bewegung. Die Energie, die eben noch klein gehalten und begrenzt wurde, kann fließen und hat Raum, um sich frei zu entfalten. Erst dann kann meiner Meinung nach wahre Veränderung stattfinden.

Bewusstes Loslassen geschieht in verschiedenen Schritten. Zu Beginn gilt es, das, was ist, anzuerkennen: das Ereignis, das Gefühl, das Gedankengebäude ... Im zweiten Schritt vergegenwärtigen wir uns unsere Vision, unsere Wünsche, und geben sie an etwas Größeres ab. Damit entscheiden wir uns für das Vertrauen, dass das geschehen wird, was hier und heute wichtig und richtig ist für die eigene Entwicklung und die der Welt.

Das mag abstrakt klingen, ist aber einfacher, als vielleicht gedacht. Krankheitssymptome werden als das gesehen, was sie sind: Botschaften von unserem Körper an uns. Indem wir uns ihnen zuwenden, sie verstehen und etwas an unserem Verhalten ändern, können wir lernen, nicht mehr an ihnen anzuhaften. Auch eine einseitige oder vergangene Liebe, Trennungen, Verluste werden als das anerkannt, was sie sind. Sie dürfen wehtun – und uns über den emotionalen Schmerz hinaus etwas über uns selbst erzählen, über unsere Wahl der Menschen, die wir in unser Leben lassen, unsere Muster und Glaubenssätze, an denen wir nun arbeiten können. Hinter allem emotionalen Gepäck, das wir mitschleppen, können wir eine verborgene Botschaft erkennen; das Problem, das wir unentwegt wälzen, kann uns offenbaren, wofür es in Wahrheit steht.

Anerkennen und Loslassen kommen also als Team. Es braucht das Anerkennen dessen, was ist, war und sein wird, um nicht länger anzuhaften. Haben wir die Botschaft eines Zustands oder Ereignisses für uns verstanden oder zumindest anerkannt, dass das, was ist, uns dienen wird, können wir uns bewusst dafür entscheiden, es gehen zu lassen. Wir lassen den Gedanken daran los, dass es so sein sollte, wie wir es uns vorgestellt haben, wir lassen die Frage los, ob das eintreten wird, was wir uns gerade wünschen – und haben trotzdem etwas dafür getan, unser Ziel zu erreichen. Das ist es, was Loslassen meiner Meinung nach bedeutet: Auch wenn es paradox klingt, es geht darum, sich Ziele zu setzen, diese zu verfolgen, und gleichzeitig die Erwartung an das gewünschte Ergebnis loszulassen.

Loslassen bedeutet nicht fallen lassen oder aufgeben. Es bedeutet, in das Leben zu vertrauen. Loslassen bedeutet freigeben.

NEUE ANFÄNGE

Früher oder später in unserem Lebens realisieren wir: Es verhalten sich nicht immer alle Menschen so, wie wir es gern hätten. Es läuft nicht immer alles so, wie wir es uns wünschen. Wir kriegen nicht immer das, was wir wollen, und wenn wir noch so daran hängen und alles Menschenmögliche dafür tun. Und was die Ereignisse in unserer Vergangenheit angeht, können wir sie nicht ungeschehen machen.

Viele Menschen setzen loslassen mit kapitulieren gleich, was das Anhaften verstärkt: Denn nun wird die Angelegenheit auch noch zum Egothema. Den Partner, den Job jemand anderem überlassen? In solchen Situationen empfinden wir die Welt als ungerecht. Dabei wissen wir doch gar nicht, was und wer hinter der nächsten Wegbiegung auf uns wartet. Eine Krise hat immer auch etwas Gutes, denn genau dann – und oft auch erst dann – verändern wir wirklich etwas in unserem Leben.

Loslassen kann eine große Herausforderung bedeuten und unser gesamtes Leben verändern. Vielleicht gilt es, einen geliebten Menschen gehen zu lassen, weil er mit jemand anderem glücklicher ist. Vielleicht geht es darum, eine Karriere aufzugeben, aus dem Haus, das wir gebaut haben, auszuziehen. Oder wir stehen vor der Herausforderung, uns von einem Lebenstraum zu verabschieden, können vielleicht keine Kinder bekommen oder erleben einen anderen Verlust. Es ist ganz natürlich, dass wir um etwas trauern. Dass wir uns danach sehnen, es wäre anders. Dass wir noch hoffen, es könnte alles wieder so werden, wie es war, als wir noch dachten, es sei gut und richtig. Wir geben vielleicht uns selbst die Schuld oder einem anderen ... Doch erst, wenn wir erkennen, dass die Situation nun mal so ist, wie sie ist, und dies als momentanen Ist-Zustand akzeptieren, wird sich, wie bereits gesagt, etwas bewegen. Dann können wir uns weiterentwickeln und auf eine andere Art glücklich werden. Es werden neue Möglichkeiten entstehen, um sich seinem Potenzial gemäß zu entfalten, wieder zu lieben und zu sich selbst zu finden.

Stell dir einen Baum vor, dessen Ast morsch geworden und bei einem Sturm abgebrochen ist. Sobald das Harz die Wunde des Baumes verschließt, kann er die Kraft nach innen nehmen und mit der Zeit neue Triebe bilden. Er mag eine Narbe behalten, doch das gehört zum Leben dazu. Entscheidend ist, dass er aufs Neue austreibt und blüht. Und dass er seine alten Blätter im Herbst loslässt, damit der Boden für einen neuen Frühling, einen neuen Anfang bereitet werden kann ...

»Und plötzlich weißt du:
Es ist Zeit, etwas Neues zu beginnen
und dem Zauber des Anfangs zu vertrauen.«

MEISTER ECKHART

FOKUSWECHSEL UND DANKBARKEIT

Wenn wir auf Abschnitte unseres Lebens zurückblicken, die sich völlig anders entwickelt haben als ursprünglich erwartet oder geplant, und wir glücklich darüber sind, empfinden wir Dankbarkeit. Unser Leben hat einen anderen Lauf genommen als geplant, und das war gut so. Was aber, wenn wir die Perspektive wechseln? Wenn wir nicht so lange warten wollen, bis sich etwas doch noch als angenehme Wendung erweist, sondern schon jetzt, in diesem Moment, darauf vertrauen, dass sich die Dinge zu unserem Guten entwickeln wollen? Weil wir wissen, dass das Leben nicht gegen, sondern immer für uns ist? Dann können wir die Kraft der Dankbarkeit nutzen, die das Potenzial zu echter Transformation in sich hat. Lass uns gemeinsam hineinspüren, was es damit auf sich hat.

ÜBUNG

FLOW Coaching

DANKBARKEIT

Spüre nach, wie es dir gerade geht. Welche Gedanken und Gefühle nimmst du in diesem Moment wahr? Und nun denke an
einen Menschen, für den du ganz besonders dankbar bist. Den
du liebst, der dich liebt und der dich vielleicht sogar in deinem
Leben unterstützt und dir in schwierigen Zeiten zur Seite steht.
Möglicherweise denkst du auch an eine Situation, in der du ganz
besonders glücklich warst, an einem wunderschönen Ort ...
Du hast aus tiefstem Herzen gelacht, warst voller Liebe und
Dankbarkeit ...

Geh nun richtig hinein in deine Erfahrungen der Dankbarkeit.
Stell dir diesen Menschen oder diese Situation vor, und lass das
Erlebnis vor deinem inneren Auge wie einen Film ablaufen. Sieh
zu und spüre, wie die Erinnerung daran dein Herz erwärmt.
Denke an dieses Gefühl von Dankbarkeit und Liebe und nimm
wahr, wie dies dein Herz öffnet. Wie es sich weitet und immer
heller und wärmer wird.
Wie geht es dir jetzt? Was hat sich geändert?

Wenn du es geschafft hast, aus dem Herzen heraus wahre Dankbarkeit und Wertschätzung zu empfinden, dann wird sich dein
Gemütszustand verändert haben, und das vergangene Gefühl
wird in dir weiterschwingen.

Gefühle haben unterschiedliche Energiefrequenzen. Wenn
unser Herz sich vor Liebe weitet, schwingen wir auf energetischer

Ebene höher, und das ist nicht nur für uns, sondern auch für andere spürbar. Vielleicht kennst du dieses Gefühl: Du besuchst jemanden das erste Mal zu Hause und fühlst dich sofort wohl, alles wirkt irgendwie harmonisch und voller Liebe. Oder ganz anders: Du trittst in einen Raum, in dem gerade »dicke Luft« herrscht. Vielleicht fand kurz vorher ein Streit statt, oder es liegen unausgesprochene Gedanken und Gefühle in der Luft, die eine eher niedrige Schwingung haben.

Alles ist Energie. Nicht nur die Teilchen, aus denen unser Universum besteht, sondern auch Gedanken und Gefühle sind Energie. Alles schwingt, alles ist in Bewegung, von den Mineralien bis hin zur Lebenskraft und zu reinem Bewusstsein. Hast du einmal eine Saite einer Geige oder Gitarre gezupft? Einen Ton am Klavier angeschlagen? Die Schwingung wird durch den Resonanzkörper verstärkt und breitet sich aus, in den Raum hinein. Und genauso ist es mit unseren Stimmungen. Wir können sie selbst erzeugen, wie du in der Übung gemerkt hast: Allein schon die Erinnerung an Liebe und Dankbarkeit bewirkt, dass dein Körper, dein Verstand, deine Seele reagieren, sich einschwingen auf die Frequenz der Dankbarkeit und sie ausstrahlen.

Wenn du deine Gedanken beobachtest, stellst du vielleicht fest, wie sehr der Verstand dazu neigt, zu vergleichen und zu verurteilen. Wie oft liegt uns eine negativ bewertende Bemerkung auf der Zunge, wie schnell setzen wir jemanden herab ... Vielleicht wirken wir so auf andere unterhaltsam. Doch macht uns das glücklich? Wohl kaum!

Alle Gefühle, die du empfunden hast, sind in deinem Gedächtnis und deinem Körper gespeichert und durch die Erinnerung abrufbar. Du kannst selbst entscheiden, mit welchen Gefühlen du durchs Leben gehst. Statt dich auf das zu fokussieren, was gerade nicht nach deinen Vorstellungen läuft, kannst du dir selbst etwas Gutes tun und Gefühle von Dankbarkeit und Liebe in dir hervorrufen.

Dankbarkeit ist ein Gefühl, das durch wertschätzende und positive Gedanken der Anerkennung ausgelöst wird. Wenn du dich dafür entscheidest, dankbar zu sein, ist dies nichts anderes als ein bewusster Fokuswechsel, der kognitiv angeleitet werden kann und dann mit dem Herzen gefühlt wird.

FLOW Coaching

WECHSLE DEINEN FOKUS

Bei dieser Übung wechselst du ganz bewusst deinen Fokus: von den Gedanken über die Zukunft hin ins Hier und Jetzt und in die Vergangenheit. Also weg von dem, was noch nicht eingetreten ist, und hin zu dem, was bereits war oder ist. Und wende dich dabei nicht dem Mangel zu, sondern dem, was sich gut für dich anfühlt.

Nun schreibe drei Sätze auf, die sich auf etwas beziehen, wofür du in diesem Moment dankbar bist.

Nimm dir einen Moment Zeit, um dich wirklich hineinzufühlen und tiefe Dankbarkeit zu empfinden.

Auf diese Weise löst du dich bewusst für einen Moment von Grübeleien über die Zukunft und dem ewigen »Was wäre, wenn ...« und richtest stattdessen den Fokus auf das Angenehme, bereits Geschehene oder Gefühlte.

Wenn wir in dieses tiefe Gefühl der Dankbarkeit kommen, dann haben Angst und Ärger in diesem Augenblick weniger Raum, den sie einnehmen könnten. Je öfter du dich bewusst in die Energie der Dankbarkeit begibst, desto weniger Raum lässt du der Angst und allen anderen niedrig schwingenden Emotionen. Der Parkplatz ist sozusagen schon belegt, und die Angst zieht vielleicht vorbei, denn sie findet keinen Platz mehr, an dem sie länger verweilen könnte. Sie darf kommen, aber dann auch wieder gehen, und muss sich nicht länger verweilen.

Wenn du wirklich bereit dafür bist, loszulassen und dich neu zu definieren, kannst du aus dir selbst heraus deine ganz natürliche Medizin zum Glücklichsein kreieren. Inzwischen gibt es zahlreiche Studien darüber, dass wir durch Dankbarkeit unser Gehirn verändern und unseren Verstand darauf trainieren können, immer öfter eine dankbare Perspektive einzunehmen. Je häufiger wir Dankbarkeit praktizieren, desto selbstverständlicher wird es, auch in Zukunft dankbar durchs Leben zu gehen. Statt uns auf den Mangel zu fokussieren, sehen wir immer öfter das Schöne, das bereits existiert. Es ist ein bisschen wie bei einem Trampelpfad, den wir so oft entlanggehen, bis er sich deutlich vor uns abzeichnet und wir ihn ganz automatisch nehmen. Und während wir diesen Weg – die Perspektive der Dankbarkeit – immer öfter nutzen, wächst langsam Gras auf den alten Pfaden, die voller Mangelgedanken sind. Wir gehen nur noch in Ausnahmefällen dort entlang – warum auch, wenn wir auf der anderen Straße so glücklich sind?

DANKBARKEIT 2.0

Die Kraft der Dankbarkeit hat sich in den vergangenen Jahren zu einem kleinen Hype entwickelt. Kein Wunder: Dankbarkeit wirkt sich nicht nur positiv auf unser Gefühlsleben aus, sie hat auch noch weitere angenehme Effekte. Studienteilnehmer, die zehn Wochen lang ein Dankbarkeitstagebuch geführt haben, wiesen messbar mehr Optimismus und weniger körperliche Beschwerden auf, trieben mehr Sport und waren engagierter. Außerdem stieg die Motivation, um eigene Ziele zu erreichen. Dankbarkeit kann also auch der Produktivität und dem Verfolgen eigener Visionen dienen.

Meiner persönlichen Erfahrung nach geht Dankbarkeit aber noch weit über all das hinaus. Wenn du möchtest, dann lass uns einen Schritt tiefer gehen und einen weiteren Fokuswechsel vornehmen.

Wann immer alles so läuft, wie wir es uns wünschen, dann fällt es uns eher leicht, dankbar zu sein. Wir gehen mit einer gewissen Großzügigkeit durchs Leben und halten dann und wann inne in dem Gedanken, dass es auch andere Zeiten gegeben hat und wir froh sein können, wie gut sich unser Leben gerade gestaltet.

In herausfordernden Phasen aber kann es uns ziemlich ungewohnt vorkommen, dankbar zu sein. Wir hadern, sind enttäuscht, wütend, vielleicht auch tieftraurig und voller Schmerz. Wenn wir einen großen Verlust erfahren, kann die Trauer so übermächtig sein, dass wir kaum den Kopf über Wasser halten können. Der Tod eines Menschen, der uns nahesteht, Trennung und Scheidung, schwere Krankheiten, Überlastung, Arbeitsunfähigkeit und existenzbedrohende Verluste verursachen ein hohes Maß an emotionalem Stress. Viele Betroffene erleiden in der Folge eine Depression oder ein Burn-out. Die Aufforderung,

dankbar zu sein, scheint in solchen Phasen ziemlich unange-
bracht zu sein. Vielleicht kennst du die folgende Geschichte, die
vom Schmerz einer Frau erzählt, deren Kind gestorben ist ...

WEISHEIT

Zur Zeit des Buddha, als dieser seine Lehre in die Dör-
fer und Städte trug, starb der über alles geliebte Säug-
ling einer Frau. Sie war außer sich vor Verzweiflung und
Schmerz. Als der Buddha tags darauf in ihr Dorf kam,
nahm sie den Leichnam des kleinen Kindes, wickelte
ihn in Decken und reckte ihn dem weisen Lehrer entgegen.

»Und nun?«, fragte sie unter Tränen. »Wie willst du
mir jetzt helfen?«

Der Buddha trug ihr auf, an jede Haustür in ihrem Dorf zu klopfen und zu fragen, ob dort jemals ein
Mensch gestorben sei.

Voller Trauer machte die Frau sich auf den Weg und
ging von Tür zu Tür. Und überall, wo sie fragte, erzählte
man ihr vom Tod eines geliebten Menschen. Sie erkannte, dass der Tod und das Leid unabdingbar zu unserem Leben gehören, und war schließlich bereit, den
Leichnam ihres Kindes den Flammen zu übergeben.

Dann begab sich die Frau erneut zum Buddha und
bat ihn, sie zu lehren.

BUDDHISTISCHE WEISHEITSGESCHICHTE

Es gibt zahlreiche Beispiele von Menschen, die große Schicksalsschläge verarbeitet und sie letztlich in etwas Heilsames, Gutes transformiert haben. Krebskranke erzählen davon, wie sich nach dem ersten Schock ihrer Diagnose ihr Leben geändert hat, wie sie den Augenblick genießen und dankbar für jeden Tag sind. Plötzlich Querschnittsgelähmte lernen, mit den großen Einschränkungen in ihrem Leben zurechtzukommen und trotz allem Neues, Schönes zu erfahren: Unterstützung und Halt durch die Familie und Freunde, Geborgenheit, Liebe, die Entfaltung bislang verborgener Talente ... Doch wir müssen gar nicht so sehr in Extreme gehen. Jeder Verlust, jeder Umbruch im Leben, jede Enttäuschung kann in zwei Wege münden: daran zu verzweifeln und sich aufzugeben oder aber daran zu wachsen. Die innere Grundhaltung, die individuelle Einschätzung und Bewertung der Situation entscheiden mit darüber, welchen Weg wir wählen.

Um die Herausforderung anzunehmen und das, was wir erfahren haben, in etwas Positives zu transformieren, brauchen wir wiederum die Anerkennung, die uns vergegenwärtigt, dass wir das, was war, nicht ändern können, nicht mit unserem Willen und auch nicht, indem wir daran festhalten, dass es anders hätte kommen sollen. Auch wenn wir zu diesem Zeitpunkt vielleicht noch weit davon entfernt sind, Dankbarkeit für das zu empfinden, was geschehen ist, können wir uns auf die Suche nach dem kleinsten Etwas begeben, für das wir dankbar sein können. Das kann etwas ganz Alltägliches und auch banal Erscheinendes sein. Vielleicht haben wir Unterstützung und Hilfe erfahren. Jemand hat uns ehrliches Mitgefühl entgegengebracht, hört uns zu, ist für uns da. Oder wir entwickeln Mitgefühl mit anderen, die in einer ähnlichen Situation sind, und werden irgendwann in der Lage sein, auch sie zu unterstützen. Vielleicht fühlen wir uns allein gelassen mit der Situation, und das Einzige, was uns derzeit bleibt, ist die Erkenntnis, dass das Leben selbst mit Schmerz verbunden ist. Auch das ist ein erster Schritt, für den wir dankbar sein können, denn auf ihn wird eines Tages die Erkenntnis folgen, dass es einen Weg aus dem Leid gibt.

In der Übung auf Seite 126 haben wir unseren Fokus auf die Vergangenheit gerichtet und ein Ereignis, für das wir dankbar sein können, in die Gegenwart gerückt. Nun möchte ich dich zu einem weiteren Fokuswechsel einladen.

Er beginnt damit, nicht länger durch die Brille der Angst und des Schmerzes zu blicken, die deine hinderlichen Glaubensmuster unterstützt. Stattdessen kannst du dich bewusst dafür entscheiden, die Brille zur Seite zu legen und auf das zu sehen, was wirklich ist. Denn dein wahrer Kern ist die Liebe und sieht nichts als die Liebe. Das bist in Wahrheit du.

Es gibt in unserem Leben so vieles, das wir für selbstverständlich halten, obwohl darin so viel Potenzial für Anerkennung liegt. Ich wache beispielsweise oft auf und bedanke mich dafür, dass ich einen neuen Tag auf dieser Erde erlebe. Denn allein das ist nicht selbstverständlich. Ich bin dankbar für das saubere Trinkwasser, für warmes Wasser im kalten Winter, für die Menschen, die all die Lebensmittel, die ich esse, geerntet und transportiert haben. Ich bin dankbar dafür, dass ich krankenversichert bin und stets ein Dach über dem Kopf habe. Ich bin dankbar für das Prasseln des Regens am Morgen, für die Frau, die mich auf dem Markt nett angelächelt hat, für meine Freundin, die immer wieder fragt, ob sie mir helfen kann. Diese Liste könnte ich immer weiterführen, denn so viel ist es wert, dafür dankbar zu sein – und zwar jetzt, in diesem Augenblick.

So viel in unserem Leben ist ein Geschenk, das wir als solches wertschätzen können. Du kannst für ganz allgemeine und kleine Dinge dankbar sein. Und du kannst auch für dich selbst dankbar sein. Dafür, dass du dich entschieden hast, mutig in einen neuen Tag zu starten, obwohl du Angst hast und obwohl es sich vielleicht gerade schwierig anfühlt. Dafür, dass du nicht aufgegeben hast. Für deine Stärke, immer wieder durch den Schmerz zu gehen und ihn auszuhalten. Dafür, dass du dir selbst Raum zum Trauern gibst. Dafür, dass du jetzt hiersitzt und dieses Buch liest, denn es heißt zum einen, dass du nicht zu den rund 750 Millionen Menschen gehörst, die niemals Lesen und Schreiben gelernt haben, und zum anderen, dass du dir selbst ein schöneres Leben gestalten möchtest.

All das ist nicht einfach nur positives Denken, es ist ein Fokuswechsel. Wenn wir uns darauf besinnen und aufhören, ständig über das Negative in unserem Leben zu reden, schaffen wir Raum für Heilung. Energie folgt unserer Aufmerksamkeit. Worauf möchtest du deine Energie lenken, was möchtest du damit verstärken, größer machen: den Schmerz oder die Liebe, die Dankbarkeit? Die Heilung? Jedes Mal, wenn wir unsere Aufmerksamkeit auf das lenken, was wir nicht wollen, geben wir ihm Energie. Es wird dadurch größer statt kleiner. Lenken wir unseren Fokus auf das Kranksein, dann verstärken wir es. Widmen wir uns der Dankbarkeit, so kreieren wir mehr Gründe, dankbar zu sein. Das bedeutet nicht, die Krankheit oder andere Dinge, die aus der Harmonie gefallen sind, zu verdrängen. Wir verändern lediglich den Blickwinkel, um uns aus einer neuen Perspektive zu betrachten und die Botschaften des Lebens an uns selbst verstehen zu lernen.

Deine Erinnerungen an Menschen oder Situationen, die dich dankbar machen, kannst du dafür nutzen, um einen leichteren Zugang zur Dankbarkeit zu haben – auch dann, wenn wir uns dem Schmerz zuwenden. Wir leben in einer Welt der Dualität, in der nichts nur gut oder nur schlecht ist. Wir sind nie nur Opfer oder nur Täter. Ich glaube zutiefst daran, dass das Leben immer für uns ist und dass jede Erfahrung, die wir machen, uns etwas über uns und das Leben lehren möchte. Wenn wir es schaffen, auch in den schmerzhaften Bereichen unseres Lebens wahre Dankbarkeit zu empfinden, können wir in Frieden und ohne Groll mit ihnen leben.

FLOW Coaching

ÜBUNG

YIN UND YANG

Setze dich aufrecht hin. Lass zu, dass deine Augenlider sich nun wie von selbst schließen, und atme mehrmals bewusst tief ein und aus. Halte dabei die Hände geöffnet, wie Schalen.
Nun denke an eine Situation, die dich schmerzt, und lass all die damit verbundenen negativen Gefühle und Gedanken in die rechte Hand strömen ... Schmerz, Enttäuschung, Traurigkeit, das Gefühl von Ungerechtigkeit, Nicht-mehr-weiter-Können ... Während dein Atem fließt, lass all dies in deine rechte Hand strömen, bis die Schale gefüllt ist.
Als Nächstes lass all die mit der Situation verbundenen positiven Gefühle und Gedanken in die linke Hand strömen ... Nimm dir Zeit ... Vielleicht sind es nur kleine Impulse, Gedankenfragmente, Funken von Dankbarkeit ... Lass sie zu und in deine linke Hand strömen.
Wenn beide Hände wie Schalen gefüllt sind, spüre noch einmal hin, wie es sich anfühlt ... Yin und Yang ... zwei Hälften, die einander bedingen ...
Nun führe die Hände zu einer Kugel zusammen ... zwei Hälften, die zusammen ein Ganzes ergeben ...

Bleibe eine Weile in diesem Gefühl der Ganzheit, solange es sich angenehm für dich anfühlt. Dann lass deine Hände sinken, balle kurz die Fäuste und löse sie wieder. Spür hin, wie sie sich entspannen ...
Atme mehrmals tief ein und aus und öffne die Augen, während du wieder im Hier und Jetzt ankommst.

Wann immer es mir gelingt, in meinen alten und neuen Wunden ehrlich etwas zu finden, wofür ich dankbar sein kann, spüre ich in meinem ganzen Energiefeld, wie sich etwas verändert. Es vibriert förmlich, es geht noch tiefer, überwindet den Ur-Schmerz und mit ihm die Angst. Energie wird freigesetzt, und die Selbstheilungskräfte werden aktiviert. Ich bin in meiner Ganzheit angekommen. Positives und Negatives ziehen sich an und bedingen einander. Wenn sie sich verbinden, entsteht etwas Neues – Liebe in Aktion.

»Ich werde mich nun rufen, ich werde mich rufen, im Wald meines Herzens, mir selbst gegenüber, werde ich mich lieben und lieben. Ich werde meine eigene Suche sein, mein höchster Reichtum. Die Reise des höchsten Lichts wird im Herzen der Freiheit beginnen.«

SRI CHINMOY

MEDITATION UND ACHTSAMKEIT

Die Vipassana zählt zu den ältesten Meditationstechniken Asiens. Mit ihr lernen wir die Dinge so zu sehen, wie sie wirklich sind. Anders als in Meditationsformen, wo man visualisiert oder sich auf eine heilige Silbe, eine Kerzenflamme oder ein Objekt konzentriert, geht es nicht darum, Gedanken und Gefühle zu beeinflussen oder zu verdrängen. Wir lernen, uns selbst zu beobachten und Zeuge zu werden, wie Gedanken und Gefühle in uns aufsteigen. Da wir uns aus dieser Position heraus nicht länger mit den Konstrukten und Storys unseres

Verstandes identifizieren, lösen sich die Anhaftungen, und wir kommen in Kontakt mit unserer wahren Natur. Es ist ein bisschen so, als würdest du im Meer schwimmen. Während du in Bewegung bist, wühlst du den Grund immer wieder auf, das Wasser ist trüb. Wenn du aber stillhältst, können die Sandkörner sich setzen, das Wasser wird immer klarer, und du kannst bis auf den Grund sehen.

Während der Vipassana bewertet man nicht – alles darf da sein. Man sagt sich einfach: »Aha, ein Gedanke ...«, und fokussiert sich wieder auf den Atem, während man weiter beobachtet, was in einem geschieht.

Im täglichen Leben lassen wir uns schnell von unseren Instinkten, Prägungen und Mustern und auch vom Umfeld vereinnahmen. Wir sehen jemanden, der etwas isst, und schon haben wir darauf Hunger. Eine Werbung weckt ein Bedürfnis in uns, und wir jagen ihm hinterher. Jemand triggert ein typisches Verhalten in uns, und wir lassen es geschehen, als hätten wir gar keine andere Wahl. Und die haben wir auch erst dann, wenn wir einen Schritt von uns zurücktreten und uns bewusst wird, was wir gerade tun, fühlen oder denken.

Während der Vipassana üben wir, uns dessen bewusst zu sein, dass wir denken und fühlen. Wir spüren die Impulse, zu handeln, zu reagieren, doch wir beobachten einfach weiter, was geschieht, ohne uns zu verstricken. Das verschafft uns die Möglichkeit, frei und aus uns heraus zu agieren, statt unsere Glaubenssätze blind zu erfüllen. Selbst der Schmerz kann uns nicht mehr vereinnahmen, wenn wir ganz achtsam sind und in der Position des Beobachters bleiben. Dann haben Gedanken und Gefühle wie »Wann hört das auf ...«, »Das halte ich nicht mehr aus ...« keinen Raum mehr: Wir sind im Moment, und während der Schmerz weiter in uns tobt, fallen wir in unser reines Bewusstsein, aus dem heraus wir auch ihn loslassen können.

Während wir einen Abstand zu unseren Gedanken und Gefühlen schaffen, brauchen wir uns selbst nicht mehr so ernst zu nehmen. Wir können dadurch lernen, das, was ist, gehen zu lassen. So erfahren wir mehr Leichtigkeit, denn wir wissen, dass alles kommt und geht, wenn wir es nicht mehr festhalten. Ich erinnere mich noch an den Moment, in dem ich meditierte und die Erfahrung machte, dass ich meine Gedanken beobachten kann. Plötzlich wurde mir klar: Wenn ich sie beobachten kann, dann scheine ich ja mehr zu sein als dieser Kopfzirkus. Das war eine große Erkenntnis für mich. Und ich begann mich zu fragen, wer oder was das denn war, das da beobachtete.

Dennoch fiel es mir anfangs schwer, auch nur ein paar Minuten stillzusitzen, und ich wurde eher aggressiv als entspannt. Doch ich machte weiter und meditierte schließlich in einem Tempel in Thailand bis zu zwanzig Stunden am Tag. Ich lernte, dass alles kommt und geht, alles vergänglich ist, sogar der Schmerz, wenn wir ihn lassen ... Ich stellte auch fest, dass fast alle unangenehmen Gedanken und Gefühle in mir auf dieselben Grundgefühle hinauslaufen: Angst und Schuldgefühle. Jeden Tag kamen innerhalb der stundenlangen Meditationen die unterschiedlichsten Themen und Gefühle in mir hoch. Längst vergessen geglaubte frühe Kindheitserinnerungen, alter Schmerz, Scham, Urängste – alles zeigte sich. Ich atmete währenddessen einfach weiter. Ohne dass ich den Gedanken nachlief, taten sich mir tiefe Erkenntnisse über mich, mein Leben und das menschliche Sein auf. Es war faszinierend. Und es brauchte nichts als Stille, die Anerkennung und das Loslassen, dann kamen die Antworten auf meine Fragen von ganz allein.

Besonders herausfordernd war es für mich, weiterzumeditieren, als ich während des Vipassana-Meditationskurses in Thailand starke Migräne bekam. Die Hitze, der höllische Schmerz und die Übelkeit waren mehr, als ich glaubte aushalten zu können. Am Abend wandte ich mich weinend an meinen Lehrer, einen Mönch. Er hörte mir geduldig zu und stellte mir eine simple Frage: »Was hast du denn sonst gemacht bei Migräne?« – »Meinen Freund angerufen. Mich ins Bett gelegt mit einem Kühlpack. Tabletten genommen.« Der Mönch fragte mich daraufhin: »Und was bringt es dir, wenn du jetzt dein Handy anmachst und deinem Freund schreibst? Oder dich hinlegst? Oder eine Tablette nimmst? Hat dir das in der Vergangenheit geholfen, gesund zu werden?« Tja, natürlich nicht. Und so erzählte mir der Mönch von seiner Lebensgeschichte. Er hatte wegen einer Krankheit kaum laufen können und selbst starke Schmerzen gehabt, als er mit der Vipassana begonnen hatte. Trotzdem hatte er weitermeditiert, und seine Beine waren schließlich geheilt. Seine Geschichte berührte mich, und ich nahm ihn auch deshalb ernst, weil er wusste, wie es ist, starke Schmerzen zu haben. Und so meditierte ich weiter. Das Beobachten des Schmerzes und der Übelkeit schien sie anfangs noch zu verstärken. Es war kaum zu ertragen. Ich weinte und schluchzte vor Schmerzen. Aber ich machte weiter. Es war unglaublich anstrengend, durch den Schmerz hindurchzugehen, und das empfinde ich auch heute noch so. Aber wie der Mönch versprochen hatte, wurde es besser. Nach etwa zwei Stunden fühlte ich mich deutlich wohler, und am nächsten Morgen sah mich mein Lehrer an und sagte, ich sähe aus wie eine frisch erblühte Blume. So fühlte ich mich auch, denn das, was ich erlebt hatte, war für mich einfach unglaublich. Ohne Medikamente hatte ich es geschafft, voll präsent zu sein. Ich hatte meinen Fokus gewechselt, war nicht am Schmerz angehaftet, sondern hatte ihn stattdessen anerkannt und wieder gehen lassen.

Heute weiß ich, dass ich den größten Schritt auf meinem Weg zu mir selbst durch die Meditation gemacht habe. Die Erkenntnis, dass ich nicht meine Gedanken und Gefühle bin, dass all das nur durch mich hindurchfließt und sich jeden Moment verändert, hat meine Perspektive völlig neu ausgerichtet. Vielleicht möchtest auch du das Meditieren ausprobieren?

ÜBUNG

FLOW Coaching

MEDITATION

Setze oder lege dich für zehn Minuten bequem auf den Boden. Achte darauf, dass dein Rücken möglichst gerade ist. Wenn du möchtest, stell dir einen Timer.

Nimm nun zuerst wahr, wie du auf dem Boden sitzt oder wie dein Körper möglicherweise aufliegt. Lass dir Zeit hinzuspüren. Nimm wahr, wie sich dein Körper jetzt gerade anfühlt.

Dann werde gewahr, wie es dir in diesem Moment geht.

Als Nächstes konzentriere dich auf deinen Atem. Spüre, wie sich dein Bauch bei jeder Einatmung hebt und bei jeder Ausatmung senkt. Beobachte einfach nur.

Wenn Gedanken aufkommen, sage dir einfach: »Oh, da sind Gedanken«, und gehe zurück zum Atmen. Wann immer du merkst, dass Gefühle aufkommen, beobachte auch sie. Sage dir zum Beispiel: »Oh, da ist Angst«, oder: »Oh, da ist Freude.« Und dann lass sie wieder los, egal, ob angenehm oder unangenehm.

Alles, was du zu tun hast, ist, dazusitzen, zu atmen und zu beobachten. Beobachte deinen Atem. Lass weitere Gedanken und Gefühle kommen, registriere sie, und konzentriere dich anschließend wieder auf den Atem. Wenn sich wieder etwas Neues zeigt, dann benenne es und lass es ebenso los.

Sei neugierig, was in dir vorgeht, und sei dir dabei stets sicher, dass alles genau so, wie es gerade ist, gut ist. Du musst nichts ändern. Es gibt kein Zuviel oder Zuwenig. Kein Richtig oder Falsch. Alles ist gut, genau so, wie es jetzt ist.

Es ist ganz normal, wenn du während der Meditation abschweifst und dich in den Geschichten, die dein Verstand und deine Gefühle weben, ein Stück weit verlierst. Manchmal ist es erst der Timer, der uns in die Gegenwart zurückholt und uns merken lässt, dass wir in den wenigen Minuten völlig abgedriftet sind. Statt die Gedanken und Gefühle zu beobachten, haben wir unseren Erinnerungen nachgehangen, uns in eingebildeten Konflikten verstrickt oder vor uns hin geträumt. Wenn dir dein Abdriften während der Meditation bewusst wird, hole dich zurück, indem du deinen Atem beobachtest, bis wieder neue Gedanken und Gefühle aufsteigen, die du ebenso beobachtest ...

Vielleicht schläfst du auch ein – dann hat dein Körper die kleine Pause gebraucht. Wiederhole die Meditation einfach zu einem anderen Zeitpunkt. All das ist ganz natürlich.

Vipassana zu praktizieren bedeutet, das Beobachten während der Meditation zu trainieren und die Achtsamkeit anschließend in den Tag zu tragen, indem du dich immer wieder daran erinnerst zu beobachten, ob du nun isst, gehst, feierst, arbeitest. Wenn du möchtest, lass die Meditation zu deiner Gewohnheit werden, und du wirst merken, dass du immer mehr Fortschritte machst, bewusster handelst und deine Wahrnehmung beim Beobachten immer feiner wird. Das ist gerade auch dann wichtig, wenn es um die Muster in deinem Leben geht, die so stark mit dir verwoben sind, dass du dich mit ihnen identifizierst.

LEIDEN ALS IDENTIFIKATION

Über zwanzig Jahre war ich chronisch krank und auf der Suche nach Heilung – und habe es tatsächlich geschafft, mich dabei nie dem Thema der Identifikation mit meiner Krankheit und dem Leiden an sich zu stellen. Im Nachhinein finde ich das erschreckend, denn meiner Meinung nach ist dies eines der wichtigsten Elemente, um sich wieder gesund und glücklich fühlen zu können. Und es geht dabei nicht allein um die Pole Krankheit-Gesundheit. Wir können uns mit dem Leiden generell identifizieren, gleich, ob es um physischen, psychischen oder emotionalen Schmerz geht.

Erinnern wir uns: Die Sätze über uns, an die wir glauben, entscheiden darüber, wie sich unser Selbstbild gestaltet. Das kann ganz warm und unterstützend sein. Voller Glauben daran, dass wir alles schaffen können, was wir wollen, dass wir geliebt werden und wundervoll sind, so wie wir sind. Das Selbstbild kann sich aber auch hinderlich anfühlen und eben dazu führen, dass wir leiden: Wir sind chronisch krank, werden immer wieder verlassen oder betrogen, treffen ständig auf unzuverlässige oder unehrliche Menschen, haben einfach nur Pech im Leben, werden nicht wertgeschätzt ... Irgendwie bekommen wir immer nur die Schatten- und nie die Sonnenseite des Lebens ab. Und das tut weh. Wir leiden darunter, stecken fest und finden einfach nicht raus aus diesem Teufelskreis. Wir haben eben Pech. Das Leben meint es nicht gut mit uns. Vielleicht schon seit Langem, vielleicht erst seit Monaten ...

Immer dann, wenn wir uns gegen das wehren, was ist und was wir erfahren, leiden wir. Wenn wir meinen, es müsste anders sein. Wir wehren uns gegen das, was ist, geben ihm damit Energie und halten es somit fest. Das, was wir eigentlich loslassen möchten, bleibt nun erst recht und wird möglicherweise sogar ein Teil unseres Selbst- und Weltbildes, weil wir uns die Opfergeschichte immer wieder selbst erzählen und dadurch weiter manifestieren. Statt uns auf das zu fokussieren, was bereits da ist und was wir uns für das Leben wünschen, legen wir unsere Aufmerksamkeit auf das, was weggehen soll. Was uns nicht gefällt. Und so bleibt es immer länger, und ohne, dass wir es merken, wird es für uns zu einer unangenehmen Komfortzone: zu dem, was wir kennen. Wir wissen damit umzugehen, und so bietet das Ungeliebt-Vertraute uns eine gewisse Form von Sicherheit.

Ich konnte mich immer darauf verlassen, dass ich nach Feiern, vielen Aktivitäten, bei Stress und vor großen Prüfungen Migräne bekam. Mein Unterbewusstsein wusste, dass es nach aktiven Phasen auf diese Weise zur Ruhe fand. Es war von vornherein klar, dass ich schon bald wieder eine Auszeit in Form von Migräne nehmen würde, ohne aktiv eine Entscheidung für diese Auszeit treffen zu müssen. Der Haken an der Geschichte war natürlich, dass sich die Ruhephase alles andere als erholsam anfühlte. Aber zumindest war ich gezwungen, im Bett zu bleiben und mich ein paar Tage lang abzuschotten. Ich konnte mich auch darauf verlassen, dass Rücksicht auf mich genommen wurde, oft ohne dass ich darum bitten musste. Die Krankheit gab mir außerdem die Möglichkeit, Verabredungen abzusagen und dabei auf Verständnis zu stoßen. Mein Umfeld wusste ja, dass ich oft Migräne hatte. Dieser starke Schmerz, den ich mir so oft weit weg gewünscht habe, hat mir also auch ein ganz schön bequemes Nest gebaut. Mithilfe der Migräne konnte ich es leichter umgehen, meine Wahrheit zu sprechen und meine Bedürfnisse zu äußern. Die Krankheit sorgte auch dafür, dass man sich um mich sorgte und mir zeigte, dass man mich liebte – und schon hatte ich noch ein Grundbedürfnis gedeckt. Ich selbst wollte die Migräne einfach nur durchstehen, statt mich wie üblich meinen selbst auferlegten Anforderungen zu unterwerfen. Ich schenkte mir also eine gewisse Form der Selbstliebe und Selbstfürsorge, denn ich folgte mehr meinen Bedürfnissen und weniger meinen selbst aufgestellten Regeln.

Je länger wir ein gewisses Verhalten an den Tag legen oder krank sind, desto mehr prägt das unser Selbstbild. Ich war tief im Inneren überzeugt davon, dass ich immer kämpfen müsste. Dass mein Leben niemals leicht sein würde. Das war mein hartnäckigster Glaubenssatz. Und wozu führte er? Natürlich dazu, dass mein Leben sich immer wieder sehr hart und eher nach einem Kampf als nach einem Abenteuer anfühlte. Es folgte eine Herausforderung nach der nächsten, nicht selten von mir unbewusst inszeniert. Denn schließlich hatte ich ja einen Glaubenssatz, den es zu bestätigen galt. Also suchte ich unbewusst nach den passenden Menschen und Situationen im Leben. Solange ich tief in mir davon überzeugt war, dass mein Leben ein Kampf wäre, solange passte es nicht in mein Weltbild, gesund zu sein. Ich hatte mich zutiefst mit der Migräne verwoben und identifizierte mich mit ihr. Sie war ein ungeliebter-geliebter Teil meiner selbst geworden. Fast mein gesamtes Leben über war sie da, und in den vielen Jahren habe ich alles um sie herum aufgebaut. Aus Angst bin ich wie auf Zehenspitzen um sie herumgetapst oder habe sie aus Trotz wie mit der Walze überfahren, indem ich Medikamente schluckte und Alkohol trank. Entweder habe ich Dinge gemieden, um ja keine Migräne zu bekommen, oder ich weigerte mich, mein Leben von ihr bestimmen zu lassen, und tat erst recht alles, was mir eigentlich zu viel war. Da war kein Raum für mein wahres Selbst, für Selbstmitgefühl.

FLOW Coaching

ÜBUNG

IDENTIFIKATION

Nimm dir jetzt einen Moment Zeit, um die Augen zu schließen und Situationen deines Lebens gedanklich an dir vorbeiziehen zu lassen. Frage dich: Womit identifiziere ich mich tief in meinem Inneren? Welches Verhalten, welche Eigenschaften, Symptome, Erfahrungen scheinen zu mir zu gehören?

Vielleicht wurdest du ja in der Grundschule wegen deines Aussehens gemobbt. Du hast dich in all den Jahren zwar völlig verändert, und man sagt dir immer wieder, wie schön du bist, und keiner setzt dich mehr herab, aber dennoch ist in dir weiterhin die Stimme aus der Kindheit präsent, die dir ins Ohr flüstert, du seist nicht gut genug.

Oder vielleicht war es dein Vater, der früh in deiner Kindheit emotional oder physisch abwesend war, und du hast das Gefühl, es läge an dir, dass alle deine Partner früher oder später gegangen sind, sei es emotional oder physisch. Denn so, wie du aus der kindlichen Perspektive dachtest, es müsse deine Schuld sein, dass der Vater nicht da war, so wiederholst du dieses Thema vielleicht immer wieder, hältst an ihm fest und denkst tief im Innersten, diese Art von Beziehung sei das, was dir zusteht.

Vielleicht bist du auch überzeugt davon, völlig verplant zu sein und sowieso nie etwas zu Ende bringen zu können. Schließlich warst du schon immer so. Vermutlich haben dir Menschen, die dir etwas bedeutet haben, das mal gesagt, und du hast dich unbewusst bemüht, ihre Aussagen zu bestätigen. Deine weiteren

Erfahrungen haben die Urteile über dich untermauert, und so hat sich dein Selbstbild auch hier entsprechend geformt.

Was aber, wenn du ein freier Mensch mit einem freien Willen bist, der sich jeden Moment dafür entscheiden kann, sich dieses Mal bewusst anders zu verhalten, sich anderes Verhalten anzutrainieren?

Was, wenn so viele von diesen Sätzen über uns selbst und die Welt, an die wir glauben, in Wahrheit nur ein Konstrukt sind, das uns limitieren oder auch unterstützen kann, in unsere Kraft zu kommen? Welche Sätze würden dann noch übrig bleiben?

_____

_____

_____

_____

Identifikation ist wie eine Verstrickung. Ob wir uns gegen etwas wehren, es vermeiden wollen oder provozieren: Wir geben nur noch mehr Energie hinein und verstärken den Prozess weiter. Doch wie kann man das lösen?

Meiner Erfahrung nach ist die Erkenntnis darüber, dass es diese Identifikation gibt, der erste und größte Schritt. Als Nächstes geht es darum, genauer hinzusehen, Fragen zu stellen und sich selbst aus dieser neuen Perspektive kennenzulernen. Statt »Ich bin das / Ich bin das nicht« zu sagen und denken wir nun: »Ich bin.«

Tief verankerte Glaubenssätze dürfen dabei auch ganz behutsam angefasst werden. Es geht nicht darum, sie sofort über Bord zu werfen. Das wäre in etwa so, als würde man an einem Mobile ein Teil abschneiden, ohne etwas Neues hinzuhängen.

Das Gleichgewicht wäre nicht länger gegeben, was eher zu mehr Unsicherheit und Angst als zu innerer Sicherheit und Stabilität führen würde. Wenn ich etwas entferne, womit ich mich bislang identifiziert habe, was mich zu einer Zeit unterstützt hat, kann sich das anfühlen, als würde mir der Boden unter den Füßen weggerissen werden.

Gerade bei Sätzen, an die wir lange Zeit geglaubt haben, gerät beim Loslassen unser komplettes Welt- und Selbstbild ins Wanken. Das, woran wir uns festgehalten haben, ist nicht mehr da, alles scheint wie bei einem Erbeben zu wanken, wir haben Angst und wissen in diesem Moment nicht, wie das Leben weitergehen soll.

So radikal sich ein Loslassen erst einmal anfühlen kann, so radikal wird auch die Veränderung hin zu uns selbst sein. Denn sie kann uns wieder mit unserer Urkraft verbinden, aus der heraus wir alles meistern und immer neue Energie gewinnen können. Daher lohnt sich der Weg, aber er sollte im besten Fall geduldig und in Ruhe Schritt für Schritt gegangen werden. Statt das, was wir erkannt haben, wegzureißen, betrachten wir es erst einmal und lassen etwas Neues entstehen, das unser System stabilisieren kann.

So können wir als ersten Schritt das, was ist, kennenlernen, es ganz behutsam betrachten und uns ansehen, welche Bedürfnisse es bisher befriedigt hat. Anschließend kümmern wir uns darum, anstelle der alten Muster neue, gesündere Methoden oder Glaubenssätze zu entwickeln.

Ich selbst lernte auf diese Weise, mich mit dem Thema Abgrenzung auseinanderzusetzen, selbstbestimmt freiwillige Ruhezeiten einzuführen und vor allem meine Wahrheit zu sprechen. Ich habe einen neuen Lebensstil entwickelt und gelernt, mehr auf meine innere Stimme zu hören anstatt auf das, was andere von mir wollen. So konnte ich aus mir selbst heraus das kreieren, was mein System durch die Krankheit als Schutz erzeugt hatte.

FLOW Coaching

VOM LEID ZUR KRAFT

Bemerkst du an dir ein typisches Verhalten (oder auch eine Krankheit), das anscheinend zu einem Teil von dir geworden ist? Das sich aber unangenehm und hinderlich anfühlt?
Dann stell dir folgende Fragen:

1. Welcher Glaubenssatz wird durch diese Situation, dieses Verhalten oder die Krankheit bestätigt?

_____

2. Was für ein Geschenk hat mir dies gebracht? Was war mir dadurch möglich?

_____

3. Warum war es bisher noch wichtig für mich, dieses Verhalten beizubehalten? Was hatte das für Vorteile?

_____

4. Wie kann ich das, was das bisherige Verhalten oder die Krankheit mir gegeben haben, auf andere Art und Weise in mein Leben bringen?

_____

5. Was ist mir möglich, wenn ich dieses Verhalten /diese
Krankheit loslassen kann? Wie sieht mein Leben dann aus? Wie
fühle ich mich, und was mache ich?

_____

_____

VERGEBUNG

Wenn wir vergeben, heilen wir unser Herz, und dadurch schaffen wir auch Raum für physische und emotionale Gesundheit.

Ich möchte dazu zwei Beispiele nennen, denn ebenso wie ich quasi eine Autobahn zur Dankbarkeit habe, habe ich auch ein Repertoire an einst sehr schmerzhaften Situationen und Beziehungen, die ich nun für mich nutzen kann.

Wann immer ich mir die Zeit nehme für eine ausführliche Dankbarkeitspraxis, bedanke ich mich auch bei dem Mann, der sich damals in Spanien an mir körperlich verging. Ich bedanke mich dafür, dass er mir diese Situation geschenkt hat, durch die ich im Nachhinein so viel lernen durfte. Ich danke ihm dafür, dass ich meine körperliche Stärke erfahren konnte. Dass ich zuschlagen und erleben durfte, wie ich mich selbst aus einer absoluten Ohnmachtserfahrung befreie. Ich danke ihm dafür, dass ich durch diese Erfahrung noch einmal all den Schmerz und meine Muster aufleben lassen konnte, um dann wirklich in der Tiefe nach Heilung zu suchen. Nachdem ich die Worte ausgesprochen habe, bitte ich darum, dass er glücklich und gesund ist. Am Anfang fiel es mir sehr schwer, das aus tiefstem Herzen zu fühlen, aber inzwischen tue ich es, und in mir ist kein Groll mehr vorhanden für diesen Mann. Auch wenn es wehgetan hat, so war er mir ein Lehrer auf meinem Weg, und dafür danke ich ihm.

Auch meinem Kopf bin ich sehr dankbar, besonders, wenn er gerade wehtut. Ich mag den Schmerz nicht, aber ich bin dankbar dafür, dass mein Körper mir zeigt, wo es langgeht. Ich bin dankbar dafür, dass all die Jahre voller Schmerzen mich zu meinem heutigen Glauben und Vertrauen geführt haben. Ich bin dankbar für all die Tage, in denen ich einen guten Grund hatte, mich von anderen Menschen zurückzuziehen. Auch hier könnten mir ebenso wie bei dem Mann aus Spanien zahlreiche »Aber«-Sätze in die Quere kommen, doch das tun sie nicht mehr. Weil ich mich darauf trainiert habe, auf das Geschenk dahinter zu schauen. Denn wir können uns in jedem Moment, vor allem aber mit etwas Abstand zu den Auslösern des Schmerzes, selbst entscheiden, worauf wir unseren Fokus richten. Es gilt zu fühlen, was gefühlt werden will, dann aber auch wieder den Fokus auf das Sein an sich zu richten und vielleicht sogar auf das Dahinterliegende zu blicken, um nicht durch Festhalten der Gedanken und Emotionen für weiteres Leiden zu sorgen.

Viele Jahre lang dachte ich, dass ich nichts mehr großartig zu verzeihen hätte, dass ich bereits all das Essenzielle aus meiner Vergangenheit vergeben hätte. Und dann ploppte eins nach dem anderen auf, und ich spürte, wie ich im Verborgenen längst nicht komplett vergeben hatte, vor allem nicht mir selbst. Bei manchen Themen ist sicher noch immer ein Rest vorhanden, an dem ich arbeiten darf, um loszulassen und zu vergeben, während ich andere Themen vielleicht gerade noch nicht sehen kann.

Auch wenn wir energetisch alle miteinander verbunden und somit eins sind, so glaube ich daran, dass jeder von uns auf dieser Erde seinem ganz eigenen Programm an Lernerfahrungen folgt, die es hier als Seele zu machen gilt. Dieser tiefe Glaube, der keiner Religion entspricht, ist für mich die Basis für absolute Vergebung. Denn er beinhaltet, dass es kein Richtig oder Falsch gibt, nur Erfahrungen. Er baut auf dem Vertrauen auf, dass es genau so kommt, wie es kommen soll, damit wir etwas lernen. Wozu sind wir denn sonst auf dieser Erde? Es ist unsere Natur, wachsen zu wollen. Wir möchten uns entwickeln und über uns hinauswachsen – das ist es, was uns Menschen ausmacht, uns antreibt zu immer neuen Erfahrungen.

Vielleicht möchtest du dir das Leben wie in der Übung auf Seite 150 als eine große Landkarte vorstellen, in der alles miteinander verbunden ist. Wir stecken mittendrin und können die großen Verbindungen daher oft gar nicht sehen, bis wir mit etwas Abstand von oben auf die Situation schauen. Vielleicht erlangen wir dadurch einen neuen Blick auf unser Leben.

Wenn wir glauben, das Leben müsse sich immer leicht anfühlen, was es aber nicht tut, fangen wir an, nach den »Schuldigen« zu suchen. Wir beschuldigen uns selbst und andere und machen uns bzw. sie dafür verantwortlich, dass das Leben so ist, wie es ist. Bis wir erkennen, dass alles bereits in sich gut ist und dass alles, was uns passiert, unserer Entwicklung dient. Wenn wir anerkennen, was ist, dann braucht es die Frage nach der Schuld nicht länger. Wir erkennen, dass es in Wahrheit darum geht, all die Facetten unserer Gefühle zu leben und aus dem Vertrauen in das Leben selbst von innen heraus Kraft zu schöpfen, um unser Potenzial zu entfalten.

»Auf der Seelenebene bekommen wir genau das, was wir in unserem Leben für unser spirituelles Wachstum brauchen. Wie wir beurteilen, was wir bekommen, entscheidet darüber, ob wir das Leben als schmerzhaft oder freudig empfinden.«

COLIN TIPPING

Und trotzdem verwalten viele von uns innerlich eine lange Liste an Dingen, die uns »irgendjemand mal angetan hat«. Es lohnt sich, diese Liste genauer anzusehen und nach Parallelen Ausschau zu halten.

Bitte frage dich: Wo ging es um ähnliche Themen? Wo habe ich immer wieder dasselbe Grundgefühl in mir erzeugt? Wo habe ich weiterhin meine alten Glaubenssätze über mich und die Welt bestätigt? Wo möchte ich vergeben?

Der Gedanke, dass immer alles für uns ist und dass alles kommt und geht, damit wir etwas lernen, kann selbst schmerzhafte Erlebnisse im Nachhinein als einen großen Lernprozess erscheinen lassen, für den wir sogar dankbar sein können.

Vergeben bedeutet letztlich zu verstehen. Es bedeutet, den Gedanken loszulassen, etwas hätte nicht oder nicht so passieren dürfen. Der Schlüssel zum Loslassen und Vergeben liegt darin, anzuerkennen, was war und ist, und darauf zu vertrauen, dass es so gut war, wie es ist, egal, wie wir es empfanden.

ÜBUNG

FLOW Coaching

VERGEBEN

Schreibe eine Liste mit allen kleinen und großen Dingen – Ereignissen und Situationen –, bei denen du anderen noch nicht komplett vergeben hast.

Dann schreibe eine Liste mit allen kleinen und großen Dingen, bei denen du dir selbst noch nicht komplett vergeben hast.

Ob du bereits vergeben hast oder nicht, kannst du gut an der Art deiner Worte und Gedanken über die bereits vergangene Erfahrung erkennen. Sind sie noch immer stark emotionsbeladen, wehren das ab, was war, oder beschuldigen gar, dann kannst du dir sicher sein, dass es bei dem Thema noch etwas gibt, was du vergeben darfst, für mehr Frieden in deinem Herzen. Denn die einzige Person, der wir mit Groll schaden, sind wir selbst.

Ziehe auch deine Landkarte des Lebens als Unterstützung heran, sie kann dir helfen, dich zu erinnern.

Nun betrachte die einzelnen Situationen und frage dich:

Wo sind Parallelen und Gemeinsamkeiten?

_____

Was haben sie mit meinen primären Szenarien und Glaubenssätzen über mich und die Welt gemein?

_____

Welcher Gedanke könnte die jeweilige /n Erfahrung /en in ein neues Licht rücken?

_____

Wo oder wem möchte ich vergeben?

_____

Was kann ich dafür tun?

_____

Was könnte ein erster Schritt sein?

_____

Lass die Vergebung in deinem Herzen beginnen, und knüpfe sie nicht an Bedingungen. Am Anfang eines jeden Vergebungsprozesses steht die Entscheidung, vergeben zu wollen, und mit ihr die Bereitschaft, sich nicht mehr die immer gleiche Opfergeschichte zu erzählen, sondern rückwirkend eine neue, heilsame Geschichte zu schreiben und damit all das, was war, in ein anderes Licht zu rücken. Auf diese Weise begibst du dich in die Selbstverantwortung und näherst dich deinem wahren Selbst immer weiter an.

SELBSTVERANT-WORTUNG

»Nicht, weil es schwer ist, wagen wir es nicht,
sondern weil wir es nicht wagen, ist es schwer.«

LUCIUS ANNAEUS SENECA

EINE GÄNGIGE DEFINITION VON Selbstverantwortung lautet, für das eigene Handeln, die persönlichen Entscheidungen Verantwortung zu übernehmen. Im FLOW Coaching gehen wir über diese Erklärung des Begriffs hinaus. Denn wir wissen bereits, dass unser Handeln bedingt wird durch unsere Glaubenssätze, Gedanken und Gefühle, für die wir ebenfalls Verantwortung übernehmen können. Weil uns das freimacht und uns heilt. Weil es uns zur Eigenbestimmung führt und zu unserem wahren Selbst.

Oft legen wir unser Lebensglück unbewusst in die Hände anderer Menschen, die wir lieben oder zu denen wir aufsehen. Das fühlt sich gewohnt an, es entspricht unserer kindlichen Entwicklung, als andere uns beschützten, die Hand über uns hielten und Entscheidungen für uns trafen. So aber können wir niemals in unsere Kraft kommen und herausfinden, wozu wir wirklich fähig sind: aus uns selbst heraus, in voller Verantwortung für das, was wir tun oder nicht tun, fühlen und denken.

Verantwortung zu übernehmen bedeutet auch, nicht anderen die Schuld zuzuweisen, wenn etwas nicht so läuft, wie wir das erwartet oder erhofft haben, sondern sich zu fragen, was der eigene Anteil an einer Situation oder Emotion ist. Das ist nicht immer bequem, doch es schafft uns eine solide Basis, auf der wir unser eigenes Leben unserem Potenzial gemäß aufbauen können. Eine Basis, die auf Ehrlichkeit uns selbst und anderen gegenüber beruht.

Wir alle neigen dazu, uns herauszureden, auch, was die kleinen Fallstricke des Lebens angeht. Der Berufsverkehr ist schuld, dass wir zu spät ins Meeting kommen; das Medikament mit seinen Nebenwirkungen ist schuld daran, dass ich müde bin; der Regen hat unsere Pläne zunichtegemacht, das neue Outfit durchnässt, uns den Tag verdorben ... Selbstverantwortliche Erklärungen lenken den Fokus auf den Spielraum der eigenen Einflussnahme und den Bereich des freien Handelns. Statt »Der Moment ist nicht der richtige, um mit ihm darüber zu sprechen« sagen wir: »Ich traue mich gerade nicht, mit ihm darüber zu sprechen« oder »Ich möchte anscheinend gerade (noch) nicht mit ihm darüber sprechen«. Statt »Er hat mir das Gefühl gegeben ...«: »Ich habe das Gefühl ...« Denn ein Gefühl kann dir niemand geben, es entsteht immer in dir und wird von dir bewertet. Das Außen entzieht sich unserer Kontrolle – trotzdem neigen wir dazu, uns abhängig zu machen, schränken uns selbst ein, statt zu uns zu stehen. Mit der Ich-Form des Satzes drücken wir unseren Anteil aus. Damit werden wir handlungsfähig, denn wir haben mit jedem Moment die Möglichkeit, uns und unsere Bewertungen zu ändern.

In der Selbstverantwortung liegt die größte Quelle der Veränderung einer Situation, weil sie uns handlungs- fähig sein lässt.

Wenn ich selbstverantwortlich bin, jammere ich nicht herum und verharre auch nicht in der Opferrolle, sondern suche nach Lösungen und gehe in die Aktion. Ich suche auch nicht nach Schuldigen und nach Methoden, sie zu bestrafen, sondern wende mich mir selbst und meinem Anteil an der jeweiligen Situation zu.

ÜBUNG

Wenn wir selbstverantwortlich durchs Leben gehen wollen, ist es hilfreich, auf die Sprache zu achten. Beobachte dich in der nächsten Zeit, ob du oft in der dritten Person sprichst, wenn es um Konflikte, Hindernisse und negative Gefühle geht.
Wem weist du gern Verantwortung zu? Den üblichen Schuldigen – wie dem Wetter, der Bahn, dem Verkehr ... – oder Personen in deinem Leben – wie deinem Partner/deiner Partnerin, Freunden, der langsamen Kassiererin im Supermarkt, deinem Bankberater, Chef, Kollegen? Menschen, die dich geprägt haben und zu denen du aufsiehst – wie Eltern, Großeltern, Lehrern, Ärzten? Oder den Gesetzen und Regeln der Gesellschaft und Kultur?

_____

_____

_____

_____

_____

Tausche im Alltag Formulierungen aus, indem du wie im Beispiel oben von der dritten Person in die erste switchst.

Als Nächstes wende dich deinen Formulierungen in der ersten Person zu:
Statt »Ich muss« ⟶ »Ich habe mich dafür entschieden ...«
Statt »Ich kann nicht« ⟶ »Ich will/werde ...«
Statt »Ich würde gern ...« ⟶ »Ich will/werde ...«
Spürst du den Unterschied?

Für mich ist die gelebte Selbstverantwortung unabdingbar, um ein dauerhaft glückliches Leben zu führen. Zugleich ist sie eine Herausforderung, da wir in der Gesellschaft und unserem Umfeld eher vom Gegenteil umgeben sind. Das kann einen schnell unbewusst dazu verleiten, in seinen Bemühungen nachzulassen. Wenn man sich jedoch entschieden hat, wirklich weiter bei sich zu bleiben, bei der eigenen Wahrheit und Verantwortung, dann bedeutet das, Selbstverantwortung wie einen Muskel zu trainieren und achtsam zu sein, damit man nicht wieder Verantwortung abgibt.

GEDANKEN UND EMOTIONEN

Sobald Meditation und das Beobachten deiner Gedanken und Gefühle zur Routine geworden sind, erkennst du, wie Gefühle in dir entstehen, und zwar in den meisten Fällen durch Sinneswahrnehmungen, deine Deutung der Wahrnehmung und durch deine Gedanken.

Gefühle zeigen sich ganz unterschiedlich als physische Reaktion. Man kann starr oder gar ohnmächtig werden vor Angst, kämpfen oder fliehen wollen, vor Wut ganz weiß oder knallrot im Gesicht werden und vor Freude springen wollen oder ganz still und in sich gekehrt sein. Darüber hinaus bewertet unser Verstand sich gleich anfühlende körperliche Reaktionen ganz unterschiedlich. Vor einem ersten Date bin ich total aufgeregt, spüre es im Bauch, und mir ist flau im Magen. Diese Energie nehme ich jedoch eher als positiv wahr, weil ich mich so freue. Bei Lampenfieber kann das schon ganz anders aussehen. Ich spüre die gleichen Symptome, empfinde sie aber als angstbeladen, hinderlich und negativ. Sobald uns dies bewusst ist und wir verstehen, dass wir nicht unsere Gefühle sind, können wir daran arbeiten, sie mithilfe von Visualisierungen umzuprogrammieren (siehe Seite 175), oder aber sie achtsam zu betrachten, ohne in ihren Strudel hineingezogen zu werden und ohne ihnen ausgeliefert zu sein.

In der Meditation erfahren wir auch, dass wir nicht unsere Gedanken sind, sondern unsere Gedanken loslassen oder aber die Richtung, die sie nehmen, selbst bestimmen können. Da Gedanken Emotionen (und ihre körperlichen Reaktionen) beeinflussen, liegt es meist in unserer Hand, wie wir fühlen. Selbstverantwortlich mit den eigenen Gedanken und Gefühlen umzugehen bedeutet, nicht länger Opfer unseres Gefühlslebens zu sein. Menschen tun Dinge, die uns nicht gefall die begleitenden Gefühle haben sie uns nicht eingepflanzt. Es sind nicht die Situationen, Umstände oder Menschen, die uns auf eine bestimmte Weise fühlen lassen, sondern unsere Bewertung, die wiederum auf unseren Erfahrungen und Mustern beruht – Muster, auf die wir ähnlich wie auf unsere Gedanken Einfluss nehmen können.

Die Gedanken zu ändern bedeutet nicht, schnell das eine Muster durch das andere zu ersetzen. Wenn du dich bei düsterem Licht, Regen, Novemberwetter melancholisch fühlst, reicht es nicht, dir zu sagen: Regen ist toll. Das wäre ein aufgesetztes Gefühl, das keinen echten Widerhall in dir hat. Wer Selbstverantwortung praktiziert, geht tiefer, in die Gedanken, die Glaubenssätze und ihre Wurzeln hinein. Neben den eigenen Erfahrungen haben auch die Werte und Bewertungen unseres Umfelds und unserer Gesellschaft einen Einfluss auf uns. Menschen leben und überleben unter den unterschiedlichsten Bedingungen, vom eisigen Norden über die Steppe, die Wüste, den Regenwald, die pulsierenden Städte bis hin zu abgelegenen Regionen im Hochgebirge. Einige sind Nomaden, andere leben als Einsiedler, wieder andere in Großfamilien, in Familien mit mehreren Frauen, mit und ohne Kinder. Was die eine Gruppe für normal, für schön und für schmerzlich hält, kann die nächste völlig anders empfinden. Das bedeutet nicht, dass die persönlichen Gefühle, gleich welchen Ursprungs, ohne Berechtigung wären. Doch oft sind uns die Zusammenhänge, in denen wir fühlen, nicht bewusst; wenn wir aber die Bewertung erkennen, haben wir die Möglichkeit, unsere eigene Wahrheit zu finden. Und auch das ist nur ein Teil des Weges, der zu unserem wahren Selbst führt, das dann zu uns durchschimmert, wenn wir einfach nur wahrnehmen und anerkennen, was ist, ohne uns weiter zu verstricken, indem wir bewerten und urteilen.

WEISHEIT

Es war einmal ein alter chinesischer Bauer, der Pferde züchtete. Eines Tages lief sein wertvollster Hengst davon. Die Nachbarn kamen herbei, um ihr Bedauern auszudrücken, doch der Bauer sagte bloß: »Woher wollt ihr wissen, ob dies ein Unglück ist?«

Tags darauf kehrte der Hengst, gefolgt von einer Herde von Wildpferden, zurück. Wieder kamen die Nachbarn vorbei, besahen die edlen Tiere und gratulierten dem Bauern zu seinem Glück, doch der sagte nur: »Woher wollt ihr wissen, dass dies ein Glücksfall ist?« Wenige Tage später wurde der einzige Sohn des Bauern bei dem Versuch, eines der Wildpferde zuzureiten, abgeworfen und brach sich ein Bein. Die Nachbarn kamen vorbei, um ihr Mitgefühl auszudrücken, doch der Bauer sagte nur: »Woher wollt ihr wissen, dass dies ein Unglück ist?« Bald darauf wurde das Land in einen Krieg verwickelt, und die königlichen Soldaten kamen ins Dorf, um Männer zu rekrutieren. Da der Sohn des Bauern verletzt war, konnte er nicht eingezogen werden. Und wieder kamen die Nachbarn vorbei und sagten, es sei doch ein Glück, dass der Sohn sich das Bein gebrochen hätte ...

Aus China

Unsere Gedanken unterliegen einem bestimmten Muster, das unseren Instinkten und Prägungen entstammt. Wenn wir weiterhin so denken wie bisher, ohne die bisherigen Programme wahrzunehmen, und nicht bewusst andere Gedanken denken, wird sich in unserem Leben vermutlich nicht viel ändern.

Die immer gleichen Gedanken führen zu immer gleichen Entscheidungen, was wiederum das immer gleiche Verhalten und somit immer gleiche Erfahrungen zur Folge hat. Dadurch bewerten wir unsere Erfahrungen immer gleich und haben die immer gleichen Emotionen, die dann wiederum zu den immer gleichen Gedanken führen.

Es braucht neue Gedanken, die zu anderen Emotionen und Verhaltensweisen führen. Erinnerst du dich? Ein Gedanke kann genug sein, um etwas ins Rollen zu bringen, eine tiefgreifende Veränderung zu bewirken, uns zu heilen.

Für einen neuen Gedanken müssen wir im Grunde nicht viel tun, wir müssen weder den Job wechseln noch mit dem Freund Schluss machen noch ein unangenehmes Gespräch führen. Ein neuer Gedanke ist einfach nur ein Fokuswechsel. Besonders gut eignen sich als Start auch Coaching-Fragen, die wir uns selbst stellen – denn sie führen zu neuen Antworten.

FLOW Coaching

ÜBUNG

GEDANKEN UND GEFÜHLE

Wenn du nicht glücklich bist mit dem, was du jeden Tag fühlst, dann sieh dir als Erstes an, was es eigentlich ist, das sich da so oft zeigt. Beobachte (z. B. in der Meditation, siehe Seite 138), was die Hauptgefühle sind, die an deine Gedanken geknüpft sind und die du als belastend oder hinderlich empfindest. Nun schreibe sie auf.

_____

_____

Als Nächstes frage dich: Welche Gedanken führen zu diesen Emotionen? Was denkt es in mir, wenn ich mich so fühle?, und notiere die Antwort.

_____

_____

Nachdem du in dich hineingespürt hast, blicke auf die andere Seite. Frage dich: Wie möchte ich mich stattdessen fühlen?, und schreibe es auf.

_____

_____

Welche Gedanken könntest du ab jetzt bewusst öfter denken, die dich so fühlen lassen?

Nun lass uns den Fokus wechseln.

FLOW Coaching

DIE GEDANKEN LENKEN

Bei welchen Aktivitäten fühlst du dich so, wie du dich öfter fühlen möchtest? Welche davon magst du in den nächsten sieben Tagen mal wieder machen? Erinnere dich dabei daran, dass du es tust, um dich so zu fühlen, wie du wirklich möchtest. Um kein Opfer deines Gedankenzirkus und deiner eigenen Gefühle mehr zu sein. Probiere es aus und beobachte dich für die nächsten sieben Tage. Sei dein eigener Detektiv. Lerne dich von einer neuen Seite kennen.

Beobachte genau, was es in dir denkt, wenn du dich so fühlst, wie du dich nicht mehr so oft fühlen möchtest – und beobachte, was es in dir denkt, wenn du dich so fühlst, wie du dich fühlen möchtest.

Nun probiere aus, in Situationen, in denen du keine angenehmen Gefühle empfindest, einfach mal anders zu denken.

Frage dich: Welcher Gedanke könnte ein völlig neues Licht auf die Situation werfen? Was würde Buddha oder ein anderer Weiser, eine Weise dazu sagen? Was wäre das Allerbeste, was durch diese Situation entstehen könnte (auch wenn es gerade völlig absurd und unrealistisch erscheint)?

Werde kreativ und denke weiter, als du es bisher getan hast – vom *worst case* zum *fairytale case*. Stell dir dein Leben wie einen Kinofilm vor ... Wenn das hier jetzt gerade der dramatische Tiefpunkt wäre, an dem der Protagonist verzweifelt ... was würdest du dir als Regisseur ausdenken, um die Handlung hin zu einem Happy End zu wenden?

_____

_____

Was auch immer in deinem Leben passiert, du kannst dich entscheiden, wie du darüber denken möchtest, denn wir können unsere Gedanken lenken.

Emotion = energy in motion. Gefühle sind Energie, die sich bewegen, die fließen will. Wenn wir es zulassen, kommen und gehen sie. Wenn wir unsere Gefühle jedoch festhalten oder unterdrücken, statt authentisch zu sein, oder zum Beispiel etwas tun, nur um es einem anderen recht zu machen, dann stauen sie sich nach und nach an, was sich in physischen oder psychischen Symptomen widerspiegeln kann. Körper, Geist und Seele hängen, wie wir gesehen haben, zusammen, und es lohnt sich zu schauen, inwiefern das Symptom, das wir als unangenehm wahrnehmen – wie zum Beispiel das Gefühl von Stress, Angst oder physische Reaktionen wie Übelkeit und Verspannungen – vielleicht auch einen emotionalen Ursprung hat.

PROJEKTIONEN

Projektionen dienen uns dazu, die Anteile in uns, die wir bisher verdrängt haben oder die uns noch gar nicht bewusst sind, ansehen zu können, um sie zu integrieren. Um uns selbst noch mehr kennenzulernen, anzunehmen und im Einklang mit unserer Seele leben zu können. Und um dadurch auch mehr Frieden in uns zu spüren.

Wir projizieren dabei einen oft verborgenen Anteil unseres Selbst auf andere, was zu starken Emotionen führen kann. Bei den Themen, die unser Gegenüber uns spiegelt, kann es sich um Gedankenkonzepte, Einstellungen, Eigenschaften und Gefühle handeln, wie Egoismus, Eifersucht, Ängste, übersteigertes oder mangelndes Selbstvertrauen, Lügen, Betrug. Wir lernen Menschen kennen, die diese Eigenschaften verkörpern, und lehnen sie ab, weil sie uns daran erinnern, wie wir selbst nicht sein wollen oder wie wir selbst in Wahrheit auch gerne mal wären. Ihr Verhalten deckt beispielsweise Muster auf, die uns bislang nicht bewusst waren oder die wir verborgen haben.

Projektionen sind meiner Meinung nach nichts anderes, als dass sich ein anderer (unbewusst) bereit erklärt, uns als Spiegel zu dienen. Er steht uns gegenüber und ermöglicht es uns, einen Blick auf das zu werfen, was bisher für unser Auge verborgen war. Es ist jedes Mal eine neue Möglichkeit für Heilung, für mehr Einssein in uns selbst und mit der Welt.

FLOW Coaching

ÜBUNG

SCHEIN UND SEIN

Stell dir vor, was du in ein imaginäres Dating-Profil schreiben würdest. Vermutlich wären es die Eigenschaften, auf die du stolz bist, die du selbst oder andere an dir mögen, richtig? Vielleicht zeigst du dich besonders humorvoll mit eloquent gewitzten Sprüchen und hebst dabei hervor, dass du deine Freizeit im Fitnessstudio verbringst, viel kochst und unheimlich gerne reist. Dazu noch ein paar Fotos von dir vor einem Tempel in Thailand, mit Pinguinen in Südafrika und eins mit einem Elefanten bei deiner letzten Safari. In Wahrheit warst du vielleicht im letzten Jahr sechsmal im Gym, bist eher beim Sushi-Mann um die Ecke essen gewesen, als dass du gekocht hättest, und hattest drei Wochen Urlaub, in denen du im Zoo und im Schwarzwald warst. Aber das ist egal. Du schreibst lieber erst mal auf, was du magst und wie du »eigentlich« bist. Da ist nur gerade dieser Stress, der dich davon abhält, so zu sein …

Nun erinnere dich an ein paar Eigenschaften und Vorlieben, die du auf gar keinen Fall in so ein Dating-Profil schreiben würdest. Vielleicht bist du manchmal ganz schön zickig? Eifersüchtig? Geizig? Hast keine Lust zu putzen und zu kochen? Sitzt am

Abend eigentlich lieber entspannt vor dem TV, statt auf die
Piste zu gehen?

_____

_____

_____

Dein imaginäres Profil spiegelt dir die Dinge, die du bisher lieber verborgen hast. Es ist eine Möglichkeit, das Verborgene ans Licht zu holen, damit es nicht länger im Schatten bleiben und sich dann in Form einer Projektion zeigen »muss«.

Stell dir dich selbst in dieser Übung wie auch im Leben ein bisschen so vor wie die Erde, bei der das Licht der Sonne nicht auf alle Bereiche gleichzeitig scheint. Manches eher Ungeliebte liegt im Schatten, ist noch unbewusst oder wird verdrängt. Und das ist auch in Ordnung so, es wird bisher schon seinen Grund gehabt haben. Dennoch lohnt es sich, das, was durch Projektionen förmlich an die Oberfläche drängt, auch anzusehen. Denn alle Projektionen haben mit uns zu tun. Was immer wir in anderen sehen, findet einen Widerhall in unserem Wesen.

Eine Projektion, die uns bewusst wird, kann uns dabei helfen, uns selbst näherzukommen und uns dadurch selbst zu heilen, indem wir uns unserer Ganzheit bewusst werden. Denn das, was oft so schmerzhaft durch die Spiegelung auf eine andere Person ans Licht kommt, ist meist alter Schmerz, der gesehen werden möchte. Und das Sehen, das Anerkennen ist oft schon die Heilung, die es braucht. Keine Magie, kein Zaubertrick – einfach nur Achtsamkeit und Anerkennung dessen, was da ist.

Ganz konkret fühlt sich solch eine Projektion anfangs meist nicht nach Ganzsein und Heilung an, sondern eher nach

Auseinanderfallen, Angst, Wut und Distanz. Denn wir sind meist genervt oder sogar wütend auf den Menschen, der in Wahrheit eigentlich nur unser eigener Spiegel ist, aber eben nicht unsere geliebte Lichtseite zeigt, sondern den Schatten. Der etwas macht oder sagt oder auch gerade nichts macht oder sagt, was der Auslöser dafür ist, dass unterdrückte und unangenehme Gefühle in uns hochkommen. Nicht selten empfinden wir Wut und Angst, sind genervt, schämen uns »für den anderen«, bewerten, urteilen und lehnen ab. All dies sind Gefühle, die wir den noch nicht angenommenen Aspekten unseres Selbst entgegenbringen. Unser Gegenüber dient uns mit seinem Verhalten dazu, dass wir auf dieses Thema und die Gefühle aufmerksam werden und eine Chance haben, Licht in das Dunkel zu bringen. Zu integrieren, was wir möglicherweise versucht haben abzuspalten, zu verdrängen oder schlicht zu ignorieren.

Wann immer dich also etwas bei einem anderen Menschen oder »in der Welt« so richtig nervt oder wütend macht, empfehle ich dir, in erster Linie zu schauen, was das Thema eigentlich mit dir selbst zu tun hat. Wenn so starke Gefühle aufkommen, kannst du dir ziemlich sicher sein, dass es hier etwas für dich zu lernen gibt. Dieser Ansatz kann dir auch dabei helfen, nicht länger von diesen starken, unangenehmen Gefühlen übermannt zu werden und mehr in Balance zu sein. Du musst auch deine Meinung nicht ändern, du kannst trotzdem ein Verhalten falsch finden. Aber gestehe dir einen Blick auf die tieferen Ursachen deiner Ablehnung zu.

Jemand verhält sich narzisstisch und ichbezogen? Das muss nicht heißen, dass du auch solche Anteile in dir hast; es ist auch möglich, dass du dich »nicht gut genug« fühlst, um dich ins Rampenlicht zu stellen, und ein solches Verhalten dich deshalb abstößt. Allein durch die Frage, was dein Gefühl, deine Haltung gegenüber jemandem mit dir zu tun haben könnte, erkennst du hier einen wichtigen Glaubenssatz, der bislang einen immensen

Einfluss auf dein Denken, deine Gefühle und deine Aktionen gehabt hat. Nun kannst du dafür die Verantwortung übernehmen und zu den Wurzeln dieses Musters zurückkehren, um es anzuerkennen und damit zu heilen.

Im Alltag entdecken wir vieles, das uns auf die Nerven geht und uns damit auf die Spur zu uns selbst führt. Du kannst dir ziemlich sicher sein, dass es bei einem Streit darum, wer den Müll rausbringt oder warum der Deckel der Zahnpastatube nicht zugeschraubt ist, in Wahrheit um tiefer liegende Themen geht. Denn mal ganz ehrlich: Glaubst du wirklich, dass wir Menschen, die wir so intelligent sind, zum Mond zu fliegen und Platon zu lesen, uns tatsächlich wegen solcher Kleinigkeiten dermaßen aufregen? Meinst du nicht auch, dass da in Wahrheit mehr dahinterstecken müsste?

ÜBUNG

Beobachte dich im Alltag und notiere dir, wo du überall mögliche Projektionen entdeckst. Werde zum Detektiv. Sei neugierig. Finde heraus, was dich nervt oder wütend macht und was dies mit dir zu tun haben könnte. Stell dir dafür folgende Fragen:

1. Was nervt mich an dem Verhalten am meisten?
2. Wann bin ich vielleicht manchmal auch ein bisschen so, und denke aber, dass das nicht richtig ist? Versteckt sich vielleicht hier noch ein Glaubenssatz?
3. Wann würde ich mich auch gerne mal so verhalten?

FLOW Coaching

ÜBUNG

PROJEKTIONEN

1. Sieh dir noch einmal dein Dating-Profil an. Vielleicht fällt dir noch mehr ein? Schreibe nun die Eigenschaften auf, die du an dir magst. Von denen du anderen Leuten gern erzählst. Auf die du vielleicht sogar ein bisschen stolz bist.

_____

_____

2. Dann notiere die Eigenschaften, von denen du anderen Menschen nicht so gern erzählst. Die du nicht in dein Dating-Profil schreiben oder gleich beim ersten Kennenlernen erzählen würdest. Dinge, die du sogar bewusst nicht erwähnst, für die du dich schämst oder die du einfach nicht gut an dir findest.

_____

_____

3. Welche dieser Eigenschaften belastet dich am meisten? Was zeigt sich am unangenehmsten in deinem Alltag, sei es durch Projektion oder auf anderem Wege?
4. Suche dir für den Anfang ein Thema aus, dass du näher betrachten möchtest. Sei dir dabei bewusst, dass dies einfach ein Aspekt von dir ist, mit dem du dich noch nicht so gut angefreundet hast.

5. Beobachte dich die nächsten sieben Tage lang und schreibe deine Erkenntnisse auf. Frage dich auch: In welchen Situationen zeigt sich dieses Thema? Was hat es mit dir zu tun? Wo hat mir dieses Verhalten gedient? Welches Geschenk hat es mitgebracht, sei es auch noch so klein?

_____

_____

_____

Wenn du mit deinen Projektionen arbeitest, sei dir darüber im Klaren, dass es darum geht, näher hinzusehen. Wenn du Sorge hast, dass du damit ein ungeliebtes Verhalten größer machst, dann ist das völlig normal: Du hast es aus gutem Grund bisher außen vor gelassen. Aber es scheint dich bis jetzt belastet zu haben, und deswegen empfehle ich dir, richtig hinzuschauen, statt es weiterhin wegzudrücken. Denn alles, was wir unterdrücken, zeigt sich sowieso immer wieder, und zwar meist auf immer unangenehmer werdende Art und Weise. Also nutze die Chance der Projektion. Sieh hin und erkenne an, dass dieses Verhalten, Gefühl oder diese Eigenschaft jetzt gerade da ist. Möglicherweise gefällt es dir nicht, und du möchtest so nicht sein. Auch das ist völlig in Ordnung. Du musst diese Anteile deiner selbst nicht für jetzt und immer akzeptieren, sondern einfach nur für diesen Moment. Du hast immer die Kraft, der Mensch zu sein, der du sein willst. Aber um den Weg zu dir und deiner Wahrheit gehen zu können, ist es wichtig, das anzuerkennen, was gerade da ist und sich bemerkbar macht. Nimm es einfach nur wahr, ohne dabei emotional zu sehr anzuhaften und es zu dramatisieren. Erinnere dich: Anerkennen und loslassen kommen als Team.

Wir alle projizieren meiner Meinung nach ständig. Ich habe noch keinen Menschen kennengelernt, der dies nicht tut. Und das ist meiner Meinung nach auch gut so, denn so können wir einzeln und als Gesamtheit wachsen. Wir können uns und der Welt zu immer höherem Bewusstsein und damit zu Heilung verhelfen. Denn jedes Mal, wenn du, statt wütend deinen Partner anzumeckern, weil er den Müll nicht rausgebracht hat, erst einmal deine eigene Projektion ansiehst, hilfst du nicht nur dir dabei, dich wieder mehr in deiner Ganzheit zu erfahren, sondern auch der ganzen Welt, unserem kollektiven Bewusstsein. Denn wir sind alle energetisch miteinander verbunden. Es gibt keine Trennung zwischen innen und außen, zwischen dir und mir, und somit tust du all das, was du für dich tust, immer auch für alle und alles um dich herum.

Social Media, Influencer, Stars und überhaupt alle, die in der Öffentlichkeit stehen, bieten eine perfekte Projektionsfläche für andere Menschen. Wir sehen ein Foto, ein Video, lesen einen Text, und schon kocht eine Emotion hoch. Plötzlich fühlen wir Neid und Missgunst, werden vielleicht sogar wütend oder sind genervt davon zu sehen, was andere sich alles leisten können, wie sie aussehen und an welch schönen Stränden sie mal wieder sind. Das alles hat natürlich nichts mit den Menschen an sich zu tun, sondern mit uns, die wir all unsere Sehnsüchte, Wünsche, Verdrängtes und Verborgenes auf sie projizieren – im Negativen wie auch im Positiven. Statt sie aus Neid zu verteufeln, idealisieren wir sie vielleicht und sind enttäuscht, wenn sie etwas tun, das nicht unseren Vorstellungen von ihnen entspricht.

Wenn wir die Projektion erkennen und unsere Furcht vor der Konfrontation mit unseren ungeliebten Anteilen hinter uns lassen, können wir möglicherweise Dankbarkeit dafür empfinden, dass unser Gegenüber sich als »Arsch-Engel« präsentiert, wie der Psychologe und Autor Robert Betz es nennt: als jemand, der uns auf unangenehme Weise den Weg zum Licht zeigt. Einem Licht, in dem wir nichts mehr verbergen müssen, sondern wahrhaftig und ganz sein dürfen. Ein unbewusster Umgang mit verborgenen Anteilen trennt uns von der Ganzheit – das Erkennen unserer Projektionen holt sie aus dem Schatten unserer Persönlichkeit, sodass wir sie anerkennen und selbstverantwortlich mit ihnen umgehen können, indem wir sie integrieren oder loslassen.

WEISHEIT

Einmal machte sich ein König auf den Weg, um einen Weisen zu besuchen. Als Gastgeschenk brachte er ihm eine mit Diamanten besetzte goldene Schere mit – eine wahre Kostbarkeit. Er verneigte sich vor dem Weisen, dessen Rat und Unterweisungen er über alles schätzte, und reichte ihm die Schere.

Der Weise betrachtete sie von allen Seiten, lobte die Kunstfertigkeit – und gab sie dem König zurück mit den Worten: »Ehrwürdiger Herrscher, ich danke Euch für Euer Geschenk. Es ist sehr kostbar, aber ich brauche es nicht. Viel schöner wäre eine einfache Nadel.«

Der König verstand ihn nicht. Also erklärte der Weise:

»Scheren schneiden die Dinge entzwei und trennen sie. Eine Nadel aber fügt sie zusammen.«

Sufi-Geschichte

RAUS AUS DER OPFERROLLE

Im vorigen Kapitel haben wir uns die Kraft der Dankbarkeit angesehen, um sie in unser Leben zu integrieren. Während du dich selbst durch tägliche Dankbarkeitspraxis darauf trainierst, glücklich zu sein, hat das Ganze noch einen wunderschönen Nebeneffekt: Die erhöhte Energiefrequenz der Dankbarkeit ist ansteckend. Dein offenes Herz wird die Menschen um dich herum dazu inspirieren, einmal den Fokus zu wechseln. Einige sind besonders gern mit dir zusammen, weil sie die Veränderung in deiner Energie spüren und sich diese auch für sich selbst wünschen. Andere wiederum mag deine Entwicklung vielleicht auch erst einmal abschrecken. Wenn du ihnen vorher als verlässlicher Gesprächspartner im Opfermodus zur Verfügung standest, wirst du ihre Erwartungen diesbezüglich nicht mehr erfüllen. Die Leute reagieren irritiert darauf, wenn man nicht länger mit ihnen über das schlechte Wetter, den doofen Chef, die nervige Verwandtschaft, die zu hohen Benzinpreise oder das schlechte Essen in der Kantine redet. So wird man selbst zur Projektionsfläche, spiegelt den Mitmenschen ihr Verhalten, erfüllt ihre gewohnten Erwartungen nicht länger, und sie werden mitunter sogar aggressiv. Dann ist es wichtig, sich abzugrenzen.

Das kann sich oft erst einmal sehr unangenehm und herausfordernd anfühlen. Es muss aber nicht zwangsläufig bedeuten, dass wir uns sofort und für immer von diesen Menschen fernhalten sollten, weil es uns gerade nicht guttut, mit ihnen zusammen zu sein. Stattdessen können wir auch für sie Mitgefühl entwickeln, denn jeder ist auf seinem ganz persönlichen Lebensweg und in seinem Tempo unterwegs. Kein Weg ist richtiger als der andere. Statt zu bewerten und sie ändern zu wollen, können wir uns für die Anerkennung entscheiden und sie so akzeptieren, wie sie gerade sind. Und dennoch können wir an dieser

Stelle auch gut auf uns selbst achtgeben, indem wir so handeln, dass es uns guttut und unseren Vorstellungen vom Leben entspricht. Vielleicht bedeutet das erst einmal einen Rückzug aus einer Beziehung, vielleicht gibt es auch ein offenes Gespräch, in dem du ehrlich sagst, dass du erst einmal etwas Zeit für dich brauchst. Tu das, was dir wirklich entspricht, und bleibe dabei respektvoll dem anderen gegenüber. Indem du hier ehrlich zu dir selbst bist und dementsprechend handelst, erlaubst du auch anderen, sie selbst zu sein und für sich zu sorgen.

Bist du bereit, die volle Selbstverantwortung zu übernehmen? Falls ja, dann kann ich dir nur aus meiner Erfahrung sagen, dass es sich anfangs ziemlich unangenehm anfühlen kann. Aber das wird besser. Je normaler es für dich wird, selbstverantwortlich zu denken und auch zu handeln, desto leichter wird es dir fallen. Mal mehr und mal weniger. Und vor allem verspreche ich dir, dass dein Leben dadurch auf ein nächstes Level kommt. Du wirst dein Leben kaum wiedererkennen, wenn du in die volle Selbstverantwortung gegangen bist. Es wird zwar einige Opfer kosten, aber es lohnt sich. Denn die innere Freiheit, Stärke und Stabilität, die dahinter warten, kannst du dir jetzt kaum vorstellen.

VISUALISIERUNGEN

Ohne mich intensiv mit dem Thema Visualisierungen beschäftigt zu haben, fing ich auf Bali damit an, mir eine positive Realität auszumalen. Ich blieb nach dem morgendlichen Meditieren einfach mit geschlossenen Augen sitzen und stellte mir vor meinem inneren Auge die für mich beste Version von mir und meinem Leben vor. Dabei ging ich sehr ins Detail und konzentrierte mich darauf, wie alles aussah, sich anhörte, schmeckte, roch und sich anfühlte.

Ich stellte mir jedoch nie vor, dass ich nicht mehr krank wäre. Und das ist wichtig, denn abgesehen davon, dass unser Gehirn Negationen in dieser Form nicht versteht, hätte sich das einfach nicht so wundervoll angefühlt, denn es hätte den Beigeschmack gehabt, etwas »wegmachen zu wollen«, während es beim Visualisieren vielmehr darum geht, aus der Liebe und Fülle heraus das eigene Wunschleben zu kreieren.

Ich legte meinen Fokus also nicht mehr auf die alte Geschichte des Krankseins, sondern auf Gesundheit und das Gefühl von Glück. Dabei stellte ich mir vor, wie ich vor Menschen stand und ihnen von meinen Erfahrungen erzählte. Davon, wie ich es geschafft hatte, mich von innen heraus zu heilen. Wie ich ihre Herzen berührte, ihnen Mut machte und vor allem, wie sich das in dem Moment für mich anfühlte: unglaublich schön, voller Dankbarkeit, Liebe und Passion für das Thema Heilung.

Nachdem ich mich täglich mindestens zwei Stunden mit dieser Energie meiner Wunschzukunft verband, stieg mein Wohlbefinden sehr schnell an. Es fiel mir immer leichter, über den Tag hinweg in einer höheren Frequenz der Dankbarkeit und Liebe anstelle von Angst und Zweifeln zu schwingen. Ich war glücklicher und fühlte mich gesünder, auch wenn es mal Tage gab, an denen alles wie vorher zu sein schien. Meine Einstellung hatte sich geändert, und ich tat sehr zielstrebig etwas dafür, um meinen Körper auf das Leben einzustimmen, das ich mir wünschte. Immerhin waren zu dem Zeitpunkt Erfahrungen über mehr als zwanzig Jahre mit Schmerzen, Medikamenten und sämtlichen damit verbundenen Reaktionen in meinen Zellen gespeichert. Es wurde Zeit, die Festplatte neu zu beschreiben.

In dieser Zeit las ich *Du bist das Placebo!* von Dr. Joe Dispenza, einem amerikanischen Biochemiker, Chiropraktiker und Neurophysiologen, der seinen Glauben an die Wirksamkeit des Bewusstseins und der Visualisierungen nach einem schweren Unfall unter Beweis stellte. Während er sich weigerte,

Operationen an seinen zahlreichen Brüchen durchführen zu lassen, therapierte er sich selbst, indem er jeden Tag ausgiebig visualisierte, wie er wieder laufen konnte – was ihm entgegen der Prognose seiner Ärzte auch gelang. Und seitdem lehrt und erforscht er das, was er an sich selbst getestet hat.

In seinem Buch führt er zahlreiche, sehr unterschiedliche Studien zum Thema Placebo und vor allem zur Kraft unserer Gedanken an. Ich sog die Zeilen förmlich in mich auf, zumal er mit physikalischen Erklärungen genau das bestätigte, was ich selbst gerade erlebte: nämlich, dass ich meinen Körper auf gesund polen konnte.

Beim Visualisieren geht es darum, durch gezielte Gedanken bestimmte Gefühle, wie Dankbarkeit, Freude und Liebe, zu erzeugen und dem Gehirn zu vermitteln, dass das, was man sich vorstellt, gerade tatsächlich passiert. Unser Gehirn macht keinen Unterschied zwischen Emotionen, die wir anhand einer Vorstellung bewusst selbst erzeugt haben, und solchen, die wir real erleben. Du kennst das bereits aus Träumen, in denen du die imaginierten Gefühle für echt hältst, aus Filmen, Büchern, Fantasien.

Mit Visualisierungen verändern wir bewusst den eigenen Zustand, um in unserem Leben aktiv etwas zu ändern. Wir impfen unserem Unterbewusstsein ein, wonach wir streben, um uns dorthin zu lenken. Auf diese Weise erzählen wir uns eine neue Geschichte des eigenen Lebens, in dem wir Schöpfer und nicht länger Marionetten sind.

Über die Visionen verbinden wir uns mit der Energie des Zustands oder Ereignisses, das wir uns vorstellen und in unserem Leben haben möchten, während wir die Erwartungen an das Ziel gleichzeitig loslassen. Das Loslassen ist wichtig, denn damit geben wir unsere Vision an etwas Größeres ab. Nicht alles, was wir im Leben wollen, ist auch das, was für unsere Entwicklung wichtig ist, und genau das erkennen wir an, indem wir unsere Erwartungen gehen lassen. Vielleicht zieht die Energie etwas viel Besseres in unser Leben, wer weiß?

Möglicherweise fragst du dich, ob man nicht die Realität verleugnet, indem man sich sein schönstes Leben ausmalt. Damit bist du nicht allein, diese Frage wird mir sehr oft in meinem Podcast zum Thema Visualisierungen gestellt. Meine Gegenfrage lautet: Was, wenn du die wahre Realität dadurch verleugnest, dass du dir immer wieder dieselbe Geschichte erzählst? Die, in der du dein Leben nicht mit erschaffen kannst? Was möchtest du lieber ausprobiert haben?

Unsere Glaubenssätze, Erfahrungen und Gewohnheiten entscheiden zu einem großen Teil, was wir wie wahrnehmen. Wie wir bereits gesehen haben, sind diese Glaubenssätze nicht in Stein gemeißelt. Mehr noch: Wenn wir uns ihrer bewusst sind, erkennen wir, dass sie ebenso veränderbar sind wie unsere Gefühle und Gedanken. Unsere wahre Realität ist reines Bewusstsein. Alles andere ist letztlich Schein.

In der folgenden Übung zeige ich dir das Visualisieren. Ganz wichtig ist, dass du Spaß dabei hast und die schönen Gefühle genießt, ob du nun auf der Bühne vor fünftausend Menschen singst, deinem Traumpartner begegnest und er dich fragt, ob du ihn heiraten möchtest, ob du ein Kind bekommst oder einen Contest gewinnst. Übrigens tust du dabei auch etwas für deine Selbstverantwortung: Die Wünsche und Träume, die in dir stecken und die du bisher nicht gelebt hast, zeigen dir neue Facetten, die allesamt Teil deines individuellen Potenzials sind.

FLOW Coaching

VISUALISIEREN

Setze dich am besten bequem hin und lass zu, dass deine Augen sich schließen. Wenn du magst, meditiere erst, nutze deine Dankbarkeitspraxis und sei einen Moment einfach nur da.

Zum Visualisieren braucht es vor allem Freude. Hab einfach Spaß daran, dir die größten, kleinsten, schönsten und kitschigsten deiner Visionen vorzustellen, sodass es sich anfühlt, als würdest du sie tatsächlich erleben. Der Traumpartner, der beste Job der Welt, Begegnungen, Reisen, was du immer schon mal tun wolltest und dich nicht getraut hast ... Lass es einfach kommen, und lass es zu.

Wann immer du merkst, dass du dich unter Druck setzt, dir etwas genau vorstellen zu müssen, dann erkenne es einfach an. Lass das Gefühl ziehen, und dann gehst du zurück in deine selbst kreierte Vision und stellst sie dir in sämtlichen Details vor. Sieh nach oben, nach unten, zu allen Seiten. Lausche, fühle, schmecke und rieche. Nimm mit allen Sinnen wahr, wie sich diese Erfahrung anfühlt.

Lass dich einfach leiten, von einem Bild zum nächsten. Die Szenen müssen weder zusammenpassen noch einen Sinn ergeben. Lass sie einfach kommen, wie bei einem Brainstorming. Und wann immer du merkst, dass du mit deinem Verstand bewertest, dann nimm auch das wieder einfach wahr und kehre anschließend zurück zu deiner Vision.

Es ist völlig normal, dass unsere Gedanken wie ein Affe durch die Gegend springen. Hol deinen Fokus einfach immer wieder zurück und konzentriere dich auf das, woran du gerade denken möchtest. Das, was all die angenehmen Gefühle in dir erzeugt, die du dir für dein Leben wünschst.

Hinweis: Es kann auch sein, dass es dir schwerfällt, Bilder zu sehen. Bleibe trotzdem dran und öffne dich für Informationen auf anderem Weg: zum Beispiel in Form von Gerüchen, Geschmack, plötzlichen Gedanken, Farben, einzelnen Symbolen. Lass dich überraschen, wie deine Seele mit dir kommuniziert.

Ich empfehle dir ein- bis zweimal täglich zu visualisieren, je nachdem, wie viel Zeit du dir dafür nehmen möchtest. Hauptsache, du probierst es aus und verbindest dich nach und nach immer mehr mit den Emotionen, die du dir wünschst. Möglicherweise hast du jedes Mal einen ganz ähnlichen Film parat, den du beim Visualisieren ablaufen lässt. Dann weißt du bereits genau, welche Bilder – oder genauer: welche gezielten Gedanken, aufgrund derer du Bilder mit deiner Vorstellungskraft vor deinem inneren Auge erzeugst – dich in die Energie bringen, die du dir wünschst. Ich habe je nach Lebensphase zeitweise ein paar ähnliche »Filme«, oder ich lasse ganz spontan neue Bilder um ein Rahmenthema herum entstehen. Sie dienen mir sozusagen als Startpunkt, von dem aus weiterhin Raum für Unerwartetes ist.

Für alle, die noch mehr wollen, empfehle ich ein Vision Board. Da ich während meiner intensiven Visualisierungspraxis mehrmals erleben durfte, wie kraftvoll und wirkungsvoll Manifestation sein kann, wurde ich immer passionierter, was dieses Thema anging. Wenn du erst einmal spürst, dass du tatsächlich das kreieren kannst, was du dir wünschst, dann wirst du voller Freude weiter visualisieren wollen. Mit dem Vision Board machst du deine Vorstellungen noch plastischer. Das merkt auch dein Unterbewusstsein!

LET'S FLOW

Schreibe ganz konkret Ziele auf, immer auch bewusst mit der emotionalen Verknüpfung: Welches Gefühl steht zum Beispiel hinter einem Haus am Strand oder einer Million Euro?
Lege fest, für welchen Zeitraum das Board gilt.
Besorge dir ein großes Stück Pappe oder Bastelkarton und einen Klebestift. Sammle entweder Zeitschriften, suche darin nach Schnipseln mit passenden Motiven zu deinen Visualisierungen und klebe sie auf. Oder suche bei Pinterest gezielt nach Bildern, die deine Visionen und Gefühle widerspiegeln, drucke sie aus und klebe sie auf. Oder zeichne, male, klebe, arbeite am Computer – und erstelle dir selbst eine kreative Collage.
Ich selbst habe neben meinen Postern noch eine kleine Collage ausgedruckt und verwende sie als Lesezeichen in meinen Büchern. Außerdem nutze ich sie als Bildschirmschoner. So sehe ich sie mir immer wieder an und erinnere mein Unterbewusstsein daran, welche Erfahrungen ich mir wünsche.

Wenn du mit dem Tool der Visualisierung arbeitest, um mehr über deine Wünsche und Visionen zu erfahren, empfehle ich dir, die Meditation aus Kapitel 5 weiter zu praktizieren. Visualisierungen sind Hilfsmittel, damit wir uns besser fühlen und mehr positive Energie aus unserem Leben ziehen können. Doch die wahre Reise geht tiefer. Und das erreichen wir über das Beobachten. Denn damit schaffen wir keine neuen Themen und Anhaftungen, sondern lassen alles ziehen – alle Gedanken, Gefühle, Wünsche –, um einen Blick auf unser wahres Selbst werfen zu können: das Licht des Bewusstseins.

LEBENSKRAFT:
ZURÜCK ZUR INNEREN STÄRKE

»Was wäre das Leben,
hätten wir nicht den Mut,
etwas zu riskieren?«

VINCENT VAN GOGH

LEBENSKRAFT – SO EIN SCHÖNES, kraftvolles Wort. Es lässt uns an den Frühling denken, wenn die ersten Blumen aus dem Erdreich treiben und die Knospen der Bäume förmlich explodieren. An den Löwenzahn, der durch den Asphalt bricht und uns die Sehnsucht, die Kraft des Lebens vor Augen führt ... Diese unbändige Energie, die alles durchströmt, was existiert, auch uns. Selbst wenn wir uns gerade vielleicht überhaupt nicht stark und vital fühlen, wenn uns der Antrieb fehlt. Wenn Resignation und Depression uns nach unten ziehen und uns zweifeln lassen, ob wir jemals wieder Lebensfreude spüren werden.

Wir alle durchleben herausfordernde Phasen, doch wenn wir tief in uns hineinhören, dann scheint es, als würden unser Unterbewusstsein, unsere Seele uns dennoch antreiben. Etwas in uns gibt nicht völlig auf. Und so machen wir uns auf die Suche, lesen Bücher wie dieses hier, hören Podcasts, probieren Techniken aus, die uns anfangs vielleicht völlig absurd erscheinen und uns doch ahnen lassen, dass da noch mehr in uns ist, während ein weiser Teil von uns das längst weiß ...

Wenn unsere bisherige Denk- und Lebensweise uns eher von unserer Kraft entfernt, uns gestresst und krank gemacht hat, liegt es nahe, sich auf einen anderen Weg zu begeben. Wir können unsere Probleme nicht lösen, wenn wir in den Mustern steckenbleiben, aus denen heraus sie überhaupt erst entstanden sind. Es braucht einen anderen Weg, an dessen Beginn ein neuer Gedanke steht. Du könntest dich zum Beispiel in diesem Moment dafür öffnen, dir vorzustellen, dass all die Lebenskraft, die du dir wünschst und die du bei anderen so bewunderst, bereits in dir steckt. Ich möchte dich einladen, es einfach zu probieren. Jetzt gleich. Dir vorzustellen, wie es wäre, wenn du nicht mehr im Außen nach Antworten, nach Glück, nach Energie suchen müsstest. Stattdessen trägst du bereits alles in dir. Es braucht nur deine Aufmerksamkeit. Es braucht *dich*. Es braucht die Bereitschaft, in dich selbst zu investieren. Deine Energie. Und den Entschluss, dich an die Liebe und das Vertrauen in dir zu erinnern, um dir selbst und dann auch der Welt wieder vertrauen zu können.

Du hast bereits die ersten drei Säulen der Heilung kennengelernt, bist über das Anerkennen und das Loslassen in die Selbstverantwortung gegangen. In diesem Kapitel möchte ich mit dir all das teilen, was mir geholfen hat, wieder in die Verbindung mit meiner Lebenskraft zu kommen und sie aktiv zu stärken. In meiner Arbeit als Ganzheitlicher Coach habe ich schon oft erleben dürfen, wie diese Schritte auch andere Frauen unterstützt haben, um kraftvolle Veränderungen in sich und ihrem Leben zu bewirken. Ihre Geschichten berühren mich immer sehr, denn sie zeigen jedes Mal aufs Neue, was wir alles erreichen können und vor allem, in welch kurzer Zeit. Genauso war es auch bei mir. Innerhalb weniger Monate haben sich mein Wohlbefinden, meine Gesundheit, ja, mein komplettes Leben rasant verändert. Als ich beschloss, mir selbst wieder zu vertrauen und meine eigenen Maßstäbe zu setzen, begann für mich ein neues Leben, das sich endlich so anfühlte, wie ich es mir ersehnt hatte. Heute bin ich im Einklang mit mir, gesund und fühle mich so glücklich, dankbar und schön wie noch nie. Weil ich meine Lebenskraft wieder aktiviert und gestärkt habe und mein Leben von innen heraus kreiere. Und das wünsche ich auch dir. Also gönne dir auch die FLOW-Coaching-Tools in diesem Kapitel und lass dich inspirieren auf deinem Weg zurück zu deiner Lebenskraft.

DIE UREIGENE KRAFT

Aber was ist diese Lebenskraft eigentlich? Was kann sie, woher kommt sie, was bringt sie dir?

Für mich ist sie die Urkraft des Lebens. Sie ist in allem Lebendigen um uns herum präsent, und sie ist auch in unserem Innern – eine Energiequelle, die immer mit allem verbunden ist. Sie stärkt uns von innen heraus und sorgt dafür, dass wir uns lebendig fühlen, das eigene Leben gestalten und immer wieder aufstehen, wenn uns die Herausforderungen auf unserem Weg zu Fall gebracht haben. Sie treibt uns an, Blockaden zu lösen, damit die Energien fließen können.

Die Lebensenergie wird im Hinduismus »Prana« – Lebensatem – und im Chinesischen, insbesondere im Taoismus und der chinesischen Medizin, »Chi« – Energie, Atem, Äther – genannt. Doch für mich geht der Begriff Lebenskraft noch tiefer als die Lebensenergie ...

Lebenskraft ist

- *etwas, das wir alle bereits vor der Geburt in uns tragen,*
- *was uns wachsen lässt, uns antreibt, mehr zu wachsen,*
- *was uns von innen nährt,*
- *was uns die Kraft gibt, die Erfahrung als menschliches Wesen zu erleben und zu gestalten.*

Sie ist Leben pur.

ÜBUNG

Wie sieht deine Definition aus? Was bedeutet Lebenskraft für dich ganz persönlich?

_____

Hast du das Gefühl, mit dieser dir innewohnenden Kraft verbunden zu sein? Von 1 bis 10, wo würdest du dich derzeit einordnen, wenn 10 »superstark verbunden« und 0 »überhaupt nicht verbunden« bedeuten würden?

_____

Bitte denke daran: Wie auch immer die Antwort lautet, es ist nur eine Momentaufnahme. Nimm sie wahr und lass sie dann wieder ziehen.

Jetzt ist bereits ein neuer Moment, und daher frage ich dich: Auf der Skala von 1 bis 10 – wo möchtest du sein in Bezug auf deine Lebenskraft?

Wie würdest du dich dort fühlen? Was würdest du erfahren, wie würdest du reden? Was würdest du machen? Mit welchen Menschen würdest du dich umgeben?

Was ist dir möglich, wenn du deine Lebenskraft so aktiviert hast?

Und wie würde das deine Beziehungen zu deinem Partner oder deiner Partnerin, deinen Freunden, Kollegen und deiner Familie verändern?

Die Lebenskraft verschwindet meiner Erfahrung nach nicht, wenn wir sie nicht aktiv nutzen, aber sie kann in den Hintergrund rücken. Manchmal verabschieden wir uns für eine Weile aus dem aktiven Leben ... wir ziehen uns in uns selbst zurück, haben Mühe, das Leben und auch den Alltag zu bewältigen, mit Trauer, Verlust und Schmerz umzugehen. Kinder stehen auf ganz natürliche Weise in enger Verbindung zu ihrer Lebenskraft, sie können stundenlang mit einem Luftballon spielen, ihn immer wieder anstupsen, ihm hinterherspringen ... Aber wir fühlen uns manchmal so erschöpft, so ausgebrannt, als würde alle Luft aus diesem Ballon entweichen und damit auch unsere Kraft, unsere Lebensfreude und die Energie, die uns durch den Tag trägt. Wir fühlen uns klein, machtlos, hilflos ... weil wir vergessen haben, dass wir diese ganz ureigene Kraft immer in uns tragen.

So, wie wir uns bewusst daran erinnern, dass wir in uns bereits heil sind, können wir uns auch an unsere eigene Lebenskraft erinnern. Die immer da ist. Immer da war. Egal, wie ängstlich oder hilflos wir uns gefühlt haben. Auch hier gilt es wieder, dies für sich anzuerkennen und dann einen Weg zu finden, um den Kontakt zu dem Inneren wiederherzustellen.

Mein eigener Weg zurück zur Lebenskraft – und der von Hunderten Frauen, die ich als Coach begleiten durfte – führte zunächst zur Einkehr, zur Innenschau. Zur Ruhe. In die Natur. In die Verbindung mit dem eigenen Herzen.

Selbstliebe, eine Balance von Yin und Yang und die intakte Verbindung von Körper, Geist und Seele sind wichtige Elemente des Weges, und mit ihnen unsere Intuition, unser Herz und achtsame Momente mit uns selbst. Wenn man der eigenen Lebenskraft wieder gewahr wird, sich erinnert, tief in sich über diese Quelle zu verfügen, dann wird es einem auch gelingen, den Zugang zu ihr bewusst zu öffnen.

Vielleicht haben wir diesen Zugang nur deshalb verloren, weil sich im Laufe unseres Lebens rund um unseren heilen Kern so viele dicke »Zwiebelschichten« gebildet haben, dass unsere Lebensenergie blockiert ist ... weil wir Emotionen angestaut haben ... weil wir schon früh angefangen haben, unsere Gefühle nicht mehr authentisch auszuleben und sie stattdessen angepasst haben an das, von dem wir dachten, es würde von uns erwartet werden, damit wir gesehen und geliebt werden ... damit wir sicher sind. Und je mehr wir das getan haben, desto mehr Blockaden haben sich gebildet, angestaute Energie, die sich dann auch in körperlichen oder psychischen Symptomen gezeigt hat – Energie, die gesehen und wieder freigelassen werden will, und Emotionen, die vielleicht einmal richtig gefühlt werden möchten, die rauswollen, um wieder zu fließen.

>>Suche das Licht nicht im Außen,
finde das Licht in dir
und lass es aus deinem Herzen strahlen.<<

RUMI

SELBSTLIEBE

Selbstliebe ist essenziell, wenn wir einen guten Zugang zu unserer Lebenskraft haben möchten. Denn viele der Themen, die uns von ihr abschneiden, hängen damit zusammen, dass wir glauben, es nicht wert zu sein, uns gut um uns selbst zu kümmern. Selbstliebe und Selbstfürsorge gehen Hand in Hand. Für uns sorgen bedeutet, dass wir unsere Bedürfnisse respektieren und authentisch sind. Dass wir uns gut um Körper, Geist und Seele kümmern. Dass wir es uns selbst wert sind, das zu tun, was uns wirklich guttut.

Manchmal sind wir hart zu uns selbst, urteilen harsch, hätten mehr von uns erwartet. Selbstliebe zeigt sich auch in dem Mitgefühl, das wir uns entgegenbringen. Damit meine ich nicht das Mitleid, das uns in unserer Opferrolle nur bestärkt, sondern die einfühlsame Hinwendung zu uns selbst, ein tiefes Verständnis,

FLOW Coaching

ICH LERNE, MICH WIEDER ZU LIEBEN

Um jemanden gernzuhaben, ist es hilfreich, ihn näher kennenzulernen. Das gilt auch für uns selbst. Frage dich daher: Wer bin
ich eigentlich? Was macht mich aus?
Verbringe Zeit mit dir selbst, lerne dich neu kennen. So, als würdest du jemanden das erste Mal treffen. Sei neugierig und lass
dich überraschen!
Sammle Fragen, die du Fremden oder lange verschollenen
Freunden stellen würdest, und stelle sie dir selbst. Notiere
deine Antworten, wenn du magst. Interessiere dich für dich
selbst. Geh mit dir spazieren, geh mit dir einen Tee trinken –
lerne dich selbst kennen, in all deinen Facetten.

das wir auch unserer besten Freundin entgegenbringen würden,
Geduld, Großzügigkeit, Annahme. Was immer wir getan haben,
war das Beste, was uns in dem jeweiligen Moment möglich war.
Aus unseren Lernerfahrungen heraus entwickeln wir uns und
können es das nächste Mal besser machen. Das ist kein Grund,
uns selbst zu verurteilen. Und wenn wir sogenannte Fehler wiederholen, weißt du bereits, dass alte Muster diesem Verhalten
zugrunde liegen und du nun beginnen kannst, sie zu heilen.

In unserem Kern ist die Liebe für uns selbst bereits da.
Wenn wir auf die Welt kommen, vor all den primären Szenarien unserer frühen Kindheit, besteht in uns kein Zweifel daran,
ob wir es verdienen, gefüttert zu werden, Liebe zu bekommen
oder schreien zu dürfen. Wir tun es einfach. Weil wir lebendig

sind. Weil wir eine menschliche Erfahrung machen, zu der Bedürfnisse und Emotionen in all ihren Facetten dazugehören. Sie wollen gelebt werden, zum Ausdruck kommen dürfen. Wir sind hier, um zu spüren und zu wachsen, und nicht, um unsere Bedürfnisse erfolgreich zu unterdrücken. Im Kern braucht es keine Gedanken, ob, wann und was wir tun können, um uns selbst gut zu versorgen. Dieser authentische Akt der Selbstliebe, die Selbstfürsorge, ist unsere Natur. Wir haben nur ein paar Glaubenssätze infolge unserer primären Szenarien entwickelt, die uns von unserer Natur entfernen.

Als Kind haben wir unsere Schlüsse aus dem Unangenehmen gezogen, was wir erlebt, gehört und gesehen haben, und glaubten, dass es an uns liegen müsse. Dass etwas mit uns nicht stimmen könne. Schließlich denken wir als Kind, dass sich alles um uns dreht. Und wenn die Mutter ständig wütend ist, die Eltern sich trennen, die Schwester krank oder der Vater abwesend ist, dann folgern wir daraus, dass es etwas mit uns zu tun hat. Schließlich sind wir der gemeinsame Nenner. Und so entstehen die Glaubenssätze. Wir passen uns an, machen uns vielleicht kleiner, unauffälliger, um nicht noch mehr kaputtzumachen. Denn als wir noch frei und wild und wunderbar waren, sind diese schlimmen Dinge ja passiert. Vielleicht werden wir auch extralaut, sorgen für Furore. Um alle auf uns zu lenken oder von ihrem Schmerz abzulenken.

Jeder von uns hat seine eigenen Überlebensstrategien entwickelt. Dafür muss es in unserer Kindheit nicht einmal dramatische Ereignisse gegeben haben. Wir können alte Glaubenssätze und Muster, wie schon gesagt, über Generationen hinweg durch unsere Familie tragen, ohne es zu merken. Schon während der Schwangerschaft unserer Mutter werden wir von ihnen genährt, um sie dann in unserer Kindheit zu verstärken und als Realität anzunehmen.

Wie waren deine Erfahrungen in Kindheit und Jugend: Hattest du das Gefühl, so sein zu dürfen, wie du wirklich bist? So geliebt und angenommen zu werden? Wertvoll zu sein? Oder gab es eher gegenteilige Erfahrungen und Aussagen in deinem Umfeld?
Welche Vorbilder hattest du zum Thema Selbstliebe?

Wir Frauen empfinden häufig Scham und Schuldgefühle, wenn wir meinen, etwas mit verursacht zu haben, manchmal auch einfach dann, wenn wir mehr vom Leben wollen. Oft besteht ein Zwiespalt zwischen der langen Familiengeschichte und unserem Drang, es anders machen, wir selbst sein, unser Potenzial ausleben zu wollen. Wir möchten ausbrechen, frei sein, uns selbst lieben und zurück zur Natur, wollen »wild und wunderbar« sein – und spüren dabei, dass es uns gleichermaßen dorthin zieht wie zurückhält. Dieser Zwiespalt fühlt sich herausfordernd an, verwirrend. Wir wissen, wohin wir wollen, aber wir fühlen uns noch angekettet. Aus Loyalität unserer Familie gegenüber leben viele von uns lieber weiterhin unterhalb ihres Potenzials. Ist es nicht das, was unsere Mütter, unsere Großmütter und deren Mütter immer schon getan haben? Sich zurücknehmen zugunsten der Familie? Aus diesem Gefühl des Zwiespalts heraus brechen wir vielleicht aus, sabotieren uns dann aber immer wieder selbst, um die alten Glaubenssätze und Muster zu füttern. Um das bisherige System, nach dem Generationen gelebt haben, nicht ins Wanken zu bringen.

Aber da wir nun an dem Punkt sind, an dem immer mehr unserer Soul Sisters dies erkennen, haben wir die Chance, diese Limitierungen hinter uns zu lassen. Wir sind die Generation des Wandels. Stell dir vor, was alles möglich sein wird für nachfolgende Generationen, wenn wir diese Themen lösen? Was das für das Kollektiv bedeutet? Für die Energiefrequenz, die Heilung der Erde? Es hätte das Potenzial einer riesigen Veränderung, Rückbesinnung und Heilung, zurück zu unser aller Natur ...

»Ein Weiser wurde gefragt, ob der Weg von Gott zum Menschen oder vom Menschen zu Gott führe, und er antwortete:
›Beides ist falsch.
Der Weg führt von Gott zu Gott.‹«

FARIDUDDIN ATTAR

Und so ist das Erinnern der Selbstliebe alles andere als ein egoistischer Zug. Im Gegenteil: Du tust es auch für diejenigen, die vor dir waren, und für alle, die nach dir kommen. Für die ganze Welt.

Wenn du dich selbst liebst, dann öffnest du dein Herz auch für die Liebe zu anderen Menschen. Und wenn du beginnst, deine Energiefrequenz zu erhöhen, indem du Liebe für dich selbst empfindest, dann wirst du auch andere Menschen freier lieben können. Denn du wirst erkennen, dass all ihre Schönheit und all ihr Schmerz auch deine Schönheit, dein Schmerz sind.

Die Entscheidung, sich selbst lieben zu wollen, zusammen mit dem Wissen darüber, welch eine Transformation dies bedeuten kann, ist für mich einer der Grundsteine der Selbstheilung, der Selbstfindung, der Rückbesinnung auf das, was ist.

Du kannst dieses Gefühl der Selbstliebe wieder bewusster in dir wahrnehmen, indem du Dinge tust, die dich mit deiner Seele verbinden. Dinge also, die dir guttun. Die Körper, Geist und Seele nähren. Nach denen du dich energetisch aufgetankt fühlst.

Gerade in aktiven oder stressigen Zeiten streichen wir vieles, was uns guttut, was uns Energie tanken lässt. Doch es braucht die Selbstfürsorge, den Akt der Selbstliebe, um die eigene Lebenskraft wieder zu spüren und zu stärken, um die Energie zum Fließen zu bringen – ganz besonders auch dann, wenn wir einen Job oder eine familiäre Situation haben, die uns viel Kraft und Liebe abverlangt, oder wir aufgrund unserer derzeitigen Lebenssituation ausgelaugt sind.

ÜBUNG

FLOW Coaching

DEN SELBSTLIEBE-TANK AUFFÜLLEN

Mach dir eine Liste mit Dingen, die dir (körperlich, geistig und seelisch) guttun, und eine mit Dingen, die du tust, obwohl du dich anschließend nicht gut fühlst.

Dann ergänze die erste Liste mit den Namen von Menschen, bei denen du dich nach einem Gespräch oder Treffen eher aufgeladen fühlst, und ergänze die zweite Liste mit den Namen derjenigen, bei denen du dich eher leer und ausgelaugt fühlst. Als Letztes notiere ein paar Dinge, die du schon immer mal ausprobieren wolltest. Und dazu solche, die du in der Kindheit gerne gemacht hast. Such dir dann drei Dinge aus, die du ab jetzt öfter machen möchtest, oder Menschen, mit denen du dich mehr umgeben möchtest, weil sie dich mit der Freude und Liebe in dir verbinden, und markiere sie farbig. Und dann markiere in einer anderen Farbe die drei Dinge, die du ab jetzt eher minimieren, oder Menschen, mit denen du den Kontakt einschränken möchtest, weil sie gerade nicht der Liebe entsprechen.

Nun häng die Listen mit allem, was dir guttut und was du dir noch wünschst, an den Kühlschrank, lege sie auf deinen Schreibtisch, irgendwohin, wo du schnell darauf zugreifen kannst. Erinnere dich vielleicht mit einem Post-it am Laptop daran, dass du immer mal wieder einen Blick darauf wirfst, in dem Bewusstsein, dass du, indem du deinen Tank auffüllst, auch anderen viel mehr geben kannst. Du dienst dem Kollektiv nicht, wenn du immer für andere da bist, aber dich nicht genug um dich selbst kümmerst. Es braucht beides.

Vielleicht spürst du bei dieser Übung auch Widerstände, die dich zu deinen alten Glaubenssätzen führen.

Im Umgang mit deinen Glaubenssätzen möchte ich dir zwei Methoden ans Herz legen. Bei der ersten identifizierst du den Glaubenssatz, erkennst ihn an und betrachtest ihn und seine Muster in deiner Wahrnehmung, in deinem Verhalten, ohne neu darin verstrickt zu werden. Auf diese Weise verliert der Satz, an den du bislang geglaubt hast, seine Macht über dich – und du lässt ihn los. Über deine Achtsamkeit lernst du mit all deinen Prägungen und Mustern auf diese Weise umzugehen. Alles, was es dafür braucht, ist die Meditation. Je mehr es dir zur Routine wird, dich zu beobachten, desto freier kannst du entscheiden, wie du handelst: in Abhängigkeit von deinen Glaubenssätzen oder selbstbestimmt.

Die andere Möglichkeit, mit hinderlichen Glaubenssätzen umzugehen, besteht darin, sie umzuformulieren und sie anschließend mit einer erhöhten Emotion zu verbinden. Letzteres ist besonders wichtig, denn solange wir nur die Worte austauschen, glauben weder unser Verstand noch unser Körper daran. Wenn wir uns jahrelang voller Überzeugung immer wieder gesagt haben, wir seien hässlich, hat das tiefe Spuren in uns hinterlassen. Sich vor den Spiegel zu stellen und hundertmal »Ich bin schön« zu sagen, kann diesen Schmerz meiner Erfahrung nach nicht auslöschen.

Als ich an meiner Gesundheit gearbeitet habe, durfte ich mich einem ganzen Arsenal von hinderlichen Glaubenssätzen stellen und meiner Identifikation mit meiner Krankheit gleich mit dazu. Was mir half, war, zu visualisieren, wie es ist, gesund zu sein. Zu fühlen, wie es ist, ohne Schmerzen aus dem Bett zu steigen, vital, voller Energie für mich und andere. Termine zu machen, die ich auch einhalten kann, Coachings zu geben ... Dies fühlte sich extrem nach Freiheit an und nach Dankbarkeit. Ich nahm mir also die Zeit, diese Gefühle ganz intensiv zu spüren, mit all meinen Sinnen. Und aus dieser Stimmung heraus sagte ich mir:»Ich bin stets gesund, egal, wie ich mich gerade fühle.« Ich verband den neuen Glaubenssatz mit dem Gefühl der Dankbarkeit, und so konnte er seine Wirkung in mir entfalten.

Du weißt ja schon, dass unser Gehirn keinen Unterschied macht zwischen direkt empfundenen, erinnerten oder vorgestellten Gefühlen. Deine positiven Gefühle aber, die einen neuen Glaubenssatz begleiten, beeinflussen deine Wahrnehmung, deine Gedanken, dein Verhalten und erneuern diese. Und so kannst auch du dich von alten Mustern befreien. Indem du visualisierst, wie es sich anfühlt, voller Selbstliebe, Lebenskraft und Dankbarkeit zu leben.

Der Schmerz, die Krankheit, die Hindernisse all das ist nichts, was es zu bekämpfen gilt. Im Gegenteil: Es ist der Beginn der Heilung, der Rückbesinnung darauf, dass wir bereits heil sind. Es zeigt uns auf, dass es Zeit wird nach Hause zurückzukehren. In das Zuhause in uns, in jedem Einzelnen und im Kollektiv.

Hab Spaß auf deinem Weg, und fühle alles, was kommt – wenn du doch mal wieder zu viel gegessen oder andere Bedürfnisse übergangen hast, nimm es einfach wahr. Erkenne an, was du fühlst. Es darf da sein. Und lass es durch dich hindurchfließen. Beobachte, was es dabei in dir denkt, wo und wie es sich in deinem Körper anfühlt – nimm es wahr. Und wenn du es bewerten solltest, dann nimm die Bewertung wahr ... und wenn du die Bewertung der Bewertung bewertest, dann nimm auch die einfach wahr. Du kannst immer eine Stufe höher gehen und beobachten, was es in dir denkt und wie sich dein Körper anfühlt.

Nimm all das wahr, was du auf dem langen Weg der Heilung erlebst, fühlst, denkst. Alles ist Teil des Weges. In diesem Leben geht es um den Prozess, um die Entwicklung. Und so geht es auch bei der Selbstliebe um den Weg.

WIEDER INS GLEICHGEWICHT KOMMEN

Heutzutage leben die meisten von uns nach einem Tagesplan, der stark strukturiert ist, und umgeben von Beton und jeder Menge elektronischer Geräte. Wir wollen viel schaffen, sind meist im Außen, mit anderen Menschen unterwegs, und wundern uns, dass wir uns gestresst fühlen. Da helfen dann auch zwei Wochen Urlaub am Strand nicht. Denn das Leben ist das, was jeden Tag passiert. Um sich in Balance und voller Lebenskraft zu fühlen, gilt es meiner Meinung nach für viele von uns, wieder mehr Yin in das eigene Leben einzuladen.

INFO

Yin und Yang sind Urkräfte, die aus dem Taoismus und der chinesischen Medizin bekannt sind.

Yin ist das weibliche Prinzip und wird assoziiert mit dem Mond, passiv sein, innehalten.

Yang ist das männliche Prinzip und wird assoziiert mit dem Himmel, im Außen und aktiv sein.

Yin und Yang stehen im ständigen Wechselspiel; in jedem ist ein Funken des jeweils anderen enthalten. Jeder von uns hat beide Anteile in sich, meist in unterschiedlichem Ausmaß.

Die meisten von uns stehen unter Dauerstrom und sind ständig im Yang, im Machen und Tun. Das ist großartig, aber wenn wir nicht für eine Balance von Yin und Yang sorgen, wird unsere Seele uns über kurz oder lang Signale schicken, um uns zu zeigen, dass wir auf keinem hilfreichen Weg sind. Wir fühlen uns gestresst, werden krank, stecken im Kopfkarussell, können nicht gut einschlafen und haben ständig das Gefühl, nicht genug Zeit zu haben.

Für einige von uns kann es aber auch um das genaue Gegenteil, um Yang, gehen: nämlich, endlich aktiv zu werden, loszulegen. Nicht mehr nur zu träumen, zu hoffen, zu verzweifeln oder sich selbst zu bemitleiden, sondern etwas für das zu tun, was man sich wünscht. Den Zielen Handlungen folgen lassen.

FLOW Coaching

ÜBUNG

YIN UND YANG

Was brauchst du in deinem Leben gerade mehr? Yin oder Yang?
Bitte sieh dir die untenstehenden Tabellen an und spüre hin, wo
du dich im Moment wiederfindest.

Überschuss an Yin	Yin in Balance	Mangel an Yin
• Depression	• Barmherzigkeit	• im Außen sein
• Verwirrtheit	• Selbstbeobachtung	• starr
• Stillstand	• im Fluss sein	• Gedanken-
• Trägheit	• Weisheit	karussell
• Bedürftigkeit	• Intuition	• nervös
• überemotional	• Geduld	• kalt
	• Aufgeschlossenheit	• trocken
	• Kreativität	• blockiert
	• Emotionalität	• emotionslos

Überschuss an Yang	Yang in Balance	Mangel an Yang
• Dominanz	• Tapferkeit	• ängstlich
• Aggression	• Aktion / machen	• zurückgezogen
• Kontrolle	• geben	• verloren
• Distanz	• Bewusstsein	• ohne Rückgrat
• einschränkende	• methodisches	• hoffnungslos
mentale Konst-	• Denken	• stagnierend
rukte	• führend	• unbewusst
		• Mangelgefühl
		• stumpf

Wenn du dich eher so einordnen würdest, dass du derzeit einen Überschuss an Yang-Energie hast, möchte ich dir ein paar Ideen geben, um mehr Yin in dein Leben zu integrieren und deine Yin-Energie zu stärken, damit du dich ausgeglichener und entspannter fühlst:

- Yin-Yoga
- Meditation
- Visualisierungen
- spazieren gehen
- Musik machen (singen, ein Instrument spielen)
- deinem Gefühl nach tanzen (dem Herzen folgen, nicht dem Kopf)
- Kunst (malen, zeichnen, basteln – intuitiv, ohne großes Regelwerk und Perfektionismus, sonst wäre es eher eine Yang-Aktion)
- baden
- Breath Walk (Achtsamkeit und bewusstes Atmen beim Gehen)
- entspannende Atemtechniken (länger aus- als einatmen, bewusst lange und tief ein- und ausatmen).

Wenn du mehr Yang in den Alltag integrieren möchtest, dann kann das zum Beispiel so aussehen:

- aktive Sportarten (dynamisches Yoga, Laufen, Aerobic, Boxen …)
- aktive Meditationen
- dynamisches Tanzen
- aktivierende Atemtechniken
- mit anderen Menschen in den Austausch gehen
- Hobbys, die eher Disziplin verlangen und Regeln haben.

Übrigens: Weitere Ideen und Anleitungen findest du in meinem Podcast »Soul to go« (siehe Seite 233).

Ob Yin oder Yang: Wichtig ist deine Einstellung. Du kannst viele Aktivitäten auf eine achtsame, sinnliche, intuitive Yin-Art machen oder eher auf eine zielorientierte, dynamische Yang-Art. Kochen kann zum Beispiel eine Yin-Erfahrung sein, wenn du das Gemüse richtig in deinen Händen spürst, an den Kräutern riechst, mit all deinen Sinnen wahrnimmst und all deine Bewegungen achtsam ausführst. Du kannst auch eher im Yang-Stil kochen, mit einem Rezept, an das du dich hältst, eher zügig und vielleicht sogar unter Zeitdruck; nebenbei hörst du vielleicht noch einen Podcast, liest WhatsApp-Nachrichten oder beantwortest deine Mails. Und so ist es auch beim Yoga: Du kannst dieselben Asanas machen und mit ihnen entweder deine Yin- oder Yang-Energie stärken, indem du dir entweder ganz intuitiv Zeit lässt und deine Muskeln möglichst entspannst, während du in der Stellung für einige Minuten verharrst (Yin), oder indem du zügig durch die Positionen gehst und deine Muskeln anspannst (Yang).

Manchmal merken wir gar nicht, dass wir dem einen Prinzip viel mehr Raum geben als dem anderen. Wenn wir meinen, immer zu wenig Zeit zu haben, ist es oft das Yang, das so aktiv ist, dass wir abends kaum einschlafen und zur Ruhe kommen können. Oder wir resignieren bei all dem Druck und geben uns völlig dem Yin hin, machen erst mal gar nichts mehr und ziehen uns in unser Schneckenhaus zurück. Beides kann für eine Zeit absolut in Ordnung und sogar nützlich sein. Es kann uns Spaß machen und uns guttun. Aber auf Dauer braucht es meiner Erfahrung nach die Balance, und daher kann es sich lohnen zu schauen, wo wir etwas mehr von dem jeweils anderen Part in unseren Alltag einbauen können. Dabei musst du gar nicht viel ändern, was deine üblichen Aktivitäten angeht, denn wie schon gesagt, kann es die Art und Weise sein, wie wir etwas tun: langsam und achtsam oder eher schnell und dynamisch. Intuitiv und fließend oder eher zielorientiert und strukturiert.

Als mir noch während meiner Migräne-Zeit klar wurde, dass Yin in meinem Leben wenig Raum hatte, fiel es mir anfangs schwer, mir Zeit für mich selbst zu nehmen. Es mir zu gönnen, gut für mich selbst zu sorgen, obwohl ich doch das Gefühl hatte, keine Zeit zu haben. Aber in Wahrheit stimmt diese Aussage ja nur selten. Wenn mich die Migräne eines gelehrt hat, dann das: Die Welt dreht sich weiter, auch wenn ich mich zurückziehe.

Ich entschied mich dafür, den Mut aufzubringen und mich selbst zur Priorität zu machen. Ich habe mein Leben umgebaut und mir mehr und mehr Raum für mich selbst geschaffen. Ich habe dadurch erst mal weniger Geld verdient und mich manchmal gefragt, wie ich es finanziell schaffen soll. Ich habe viele Jobs abgesagt, habe beruflich einen neuen Weg eingeschlagen, habe mich von Menschen getrennt, habe vor zwölf Uhr keine Termine mit anderen gemacht, bin nicht ans Telefon gegangen, habe WhatsApp-Nachrichten manchmal wochenlang nicht gelesen und meine E-Mails nicht beantwortet, wenn es für mich wichtiger war, bei mir zu sein. Ich habe also sehr oft Nein gesagt und tue das auch heute noch. Während andere Menschen im Büro sitzen und sich ärgern, dass ich noch immer nicht auf ihre Anrufe reagiert habe, tue ich in Ruhe das, was für mich gerade wichtig ist. Unser Seelenwohl sollte uns allen wichtiger sein als eine Aufgabe, mit deren Einhaltung wir es anderen recht machen wollen. Denn jedes Mal, wenn wir uns erlauben, ehrlich zu sagen und zu zeigen, was wir wollen und was nicht, erlauben wir es auch anderen. Vielleicht ist dies schwer mit deinem Job zu vereinbaren, aber auch in der Freizeit haben wir die Möglichkeit, uns für uns selbst zu entscheiden. So oft, wie ich Nein zu meinen Freunden sage, so gestehe ich es ihnen ebenfalls zu und bin dankbar dafür, dass sie so ehrlich zu sich selbst und der Welt sind. Dass sie sich für diesen Akt der Selbstfürsorge entscheiden, obwohl es auch ihnen nicht leichtfällt. Aber sie tun es. Wir ermächtigen uns gegenseitig, und das tut uns allen gut.

Wenn auch du deine Zeit nutzt, um ganz intuitiv zu schauen, was für dich gerade wichtig ist (Yin oder Yang), dann kann dir das helfen, von innen heraus stärker zu werden, sodass der Wind aus dem Außen dich vielleicht streift oder umwirbelt, aber dich nicht umwirft oder gar zu Boden drückt.

WEISHEIT

Einmal traf der weise Mula Nasrudin auf einen Mönch, der sagte zu ihm: »Ich bin innerlich so losgelöst, dass ich niemals an mich selbst denke, sondern immer nur an andere.«

Mula Nasrudin wog seine Worte ab, dann entgegnete er: »Und ich bin so unvoreingenommen, dass ich mich betrachten kann, als wäre ich nicht ich, sondern ein anderer. Daher kann ich es mir auch leisten, an mich selbst zu denken.«

KÖRPER, GEIST UND SEELE IN BALANCE HALTEN

Viele emotionale Erfahrungen haben wir mit unserem Körper erlebt, bevor wir sie benennen und zuordnen konnten. Wir haben sie gefühlt, sie waren für diesen Moment unsere individuelle Wahrheit, und doch hörten wir von anderen, dass das, was wir da fühlten, so nicht richtig sei. Dass wir uns entschuldigen sollten, obwohl wir wütend waren, dass wir nicht weinen sollten, obwohl wir traurig waren. All diese Zurechtweisungen sind noch immer in uns aktiv. Und auch wir greifen manchmal auf Menschen in unserem Umfeld über. Wir alle manipulieren uns ständig gegenseitig, weil uns das Sicherheit gibt. Unser Miteinander fühlt sich dadurch berechenbarer an. Wir haben das Gefühl zu wissen, wie wir miteinander und mit dem Leben umzugehen haben. Zumindest für den Moment, während alles wie erwartet abläuft. Und so hat auch unser soziales Umfeld nach bestem Wissen und Gewissen gehandelt und uns dabei abtrainiert, authentisch zu fühlen. Das ist ganz ohne böse Absicht geschehen. Doch wir haben durch die Manipulationen zweierlei getan: Wir haben viele unserer Gefühle negativ bewertet, und in der Folge haben wir angefangen, sie zu unterdrücken, oft schon, bevor wir sie ganz wahrgenommen und durchlebt haben.

Anhand zahlreicher Studien weiß man, dass der Körper Erinnerungen speichert. Manche Bewegungen, Gesten und die Mimik sind mit bestimmten Gefühlszuständen verknüpft: Sie drücken nicht nur Gefühle aus und machen sie für andere ablesbar, sondern können diese Emotionen auch hervorrufen oder verstärken. So haben Forscher zum Beispiel die typische Gangart depressiver Menschen untersucht und festgestellt, dass die entsprechenden Bewegungsmuster auch eine depressive Stimmung hervorrufen können.

Unser Körper ist wie ein Gedächtnisnetzwerk. Manches haben wir gefühlt und in unseren Zellen gespeichert, ohne es benennen zu können, weil wir es vor dem Einsetzen unserer Sprachfähigkeiten gefühlt haben. Oder weil ein Trauma uns so erschüttert hat, dass wir es, um uns zu schützen, kognitiv nicht erfassen konnten und es abgespalten haben. Anderes haben wir aus unserem aktiven Bewusstsein verdrängt, wieder anderes ein Stück weit aufgearbeitet. Doch nicht selten sind in unseren

Muskeln noch immer Triggerpunkte vorhanden, die diese teils unbewussten Inhalte wiederaufleben lassen können. Unser ganzes Sein erzählt eine Geschichte, und all das, was wir durch die Gesprächsebene nur schwer erreichen, können wir durch Körper- und Energiearbeit hervorholen. Genau aus diesem Grund verbinde ich entsprechende Techniken in meiner Arbeit als Coach und in meinen Retreats.

Körperarbeit kann uns auch dabei helfen, wieder wahrzunehmen, dass wir so viel mehr sind als das, was in unserem Verstand gerade vor sich geht. Sie kann uns helfen zu erkennen, dass wir in Wahrheit das sind, was hinter den Gedanken ist: Bewusstsein. Bei den Übungen nehmen wir unseren Körper wahr, unsere Gefühle und können alte und neue Verknüpfungen herstellen. Wir können anfangen zu verstehen, wie unsere Gefühle mit unseren Gedanken zusammenhängen, wie sich dies im Körper zeigt und wie wir auf unseren seelischen Zustand durch Bewegung Einfluss nehmen können. Denn wir sind Körper, Geist und Seele, und wenn wir alle Ebenen nicht als voneinander getrennte Anteile, sondern als eine Einheit erkennen, dann können wir das, was war und ist, auch besser und umfassender anerkennen. Und wir können auf einer tiefen, ganzheitlichen Ebene all das loslassen, was uns nicht länger dient. Auf diese Weise können wir unsere Lebenskraft stärken und als Einheit von Körper, Geist und Seele durchs Leben gehen.

Die folgenden Übungen kannst du gut zwischendurch beim Arbeiten und in deinem Alltag machen. Sie helfen dir, dich in deiner Ganzheit wahrzunehmen.

1. Reise durch den Körper
Spüre im Sitzen oder Stehen deine Füße, wie sie auf dem Boden aufliegen. Und dann gehe gedanklich für einen Moment durch deinen Körper. Von den Füßen die Beine hinauf, über das Gesäß die Wirbelsäule hoch, zu den Armen und weiter bis in die Fingerspitzen, zurück zu den Schultern, hinauf in den Kopf. Gehe mit deiner Aufmerksamkeit durch deinen Körper und nimm einfach wahr, was du spürst. Ganz neugierig, ohne Erwartungen und Bewertungen.
Oft braucht ein verspannter Bereich nur unsere Aufmerksamkeit, um loszulassen. Du kannst an Stellen, die deiner Aufmerksamkeit bedürfen, einfach ein wenig länger verweilen und beobachten, wie sich die Spannung löst. So wie es ist, ist es gut.

2. Tiefe Bauchatmung
Achte einfach auf deinen Bauch, während du atmest. Nimm wahr, wie er sich beim Einatmen hebt und bei Ausatmen senkt. Vielleicht magst du auch noch die Hände auf deinen Bauch legen. Nimm einfach wahr. Und spüre, wie dein Körper ganz von allein atmet. Solch ein Wunder bist du!

3. Herzenergie
Diese Übung kannst du im Stehen, im Sitzen oder auch im Liegen durchführen. Nimm ganz bewusste, tiefe Atemzüge. Und nun stell dir vor, wie du mit jedem Atemzug all die Energie, die du dabei aufnimmst, in einen Bereich deines Körpers schickst. Vielleicht gehst du, Atemzug für Atemzug, langsam von dem

linken Bein über das rechte, durch dein Gesäß, dein Wurzelcha-
kra – das Energiezentrum an der Basis deiner Wirbelsäule –,
deinen Bauch, deinen linken Arm, deinen rechten Arm und immer so weiter durch deinen Körper, bis hin zum Herzen. Schi-
cke besonders viel Energie in dein Herz, indem du beim Atmen
deine Aufmerksamkeit darauf lenkst. Wenn du dabei eine Hand
auf dein Herz legst, kann dich das unterstützen. Spüre, wie sich
dein Herz dabei energetisch verändert. Wie es vielleicht größer
wird, so als würde es sich öffnen. Nimm auch das einfach für einen Moment wahr.
Während du weiter tief und gleichmäßig atmest, wirst du ruhi-
ger und spürst wieder, wie es sich anfühlt, mit deinem Körper,
deinem Herzen, ja, deiner Seele verbunden zu sein.

Mir persönlich helfen diese kleinen Wahrnehmungsübungen
sehr, um mich auch beim Arbeiten nicht zu verlieren. So mache ich es zum Beispiel auch jetzt beim Schreiben: Zwischendurch nehme ich bewusst meinen Bauch beim Atmen wahr,
spüre meine Hände auf der Tastatur und gönne mir kurze Pausen zum Innehalten. Es fühlt sich so viel leichter an, in der Balance mit sich selbst zu sein und so durch den Tag zu gehen.
Auch in Momenten, in denen ich aufgeregt bin oder Angst habe,
meine Wahrheit zu sprechen, mache ich diese Übungen. Während ich rede, richte ich mich auf und atme bewusst in meinen
Brustkorb, um mein Herz zu öffnen, oder ich atme tief in meinen
Bauchraum, da es mir hilft, ruhig zu bleiben. Ich spüre meine
Füße, meinen Körper und signalisiere meinem Gehirn dabei,
dass alles okay ist. Ich habe zwar Angst, aber ich weiß, dass die
Lage, in der ich mich befinde, nicht lebensbedrohlich ist. Das
fühlt sich unglaublich kraftvoll an und hat mir schon sehr oft in
schwierigen Situationen geholfen.

Vieles, was wir gedacht und erlebt haben, hat sich als Energie in unserem System festgesetzt. Körperarbeit kann dabei helfen, alte Programme loszulassen und die innere Stärke zu erkennen, mit der wir hier und heute unser Leben kreieren können – unabhängig von unseren Genen, unserer Herkunft, unserer persönlichen Geschichte und all den anderen Glaubenssätzen, die wir über uns und das Leben haben.

Welche Körperarbeit, welche Technik du auch wählst: Das Wichtigste ist, dass du bereit bist für eine Veränderung. Bereit, anzuerkennen, loszulassen und in die Selbstverantwortung zu gehen. Denn dann blockierst du diesen Prozess der Veränderung nicht unbewusst, sondern unterstützt ihn. Dann investierst du in dich selbst. Körper, Geist und Seele sind zurück auf dem Weg in den Einklang.

Bevor ich die Verstrickungen meiner Krankheit mit meinen inneren Überzeugungen nicht erkannt und vor allem meine Geschichte mit all ihren Geschenken nicht anerkannt hatte, konnte keine der vielen Methoden, die ich ausprobierte, mir dauerhaft helfen. Und das war gut so, denn sonst hätte ich nicht verstanden, was meine Seele mir eigentlich sagen wollte. Ich hätte die große Lernmöglichkeit vorüberziehen lassen. Damals war ich noch nicht bereit für die Selbstverantwortung, und so hing ich quasi mit jeder Zelle meines Körpers an dem Stress, der Migräne, den Essstörungen und meinen sonstigen Verhaltensmustern. Erst als ich all die Schritte, die ich dir in diesem Buch aufgezeigt habe, nach und nach zu gehen begann, konnte mich die Körperarbeit auf meinem Weg zurück zu mir selbst, zu meinem heilen Kern, unterstützen. Ich ging nicht länger davon aus, dass etwas im Außen mich gesund und glücklich machen könnte, und wollte auch den Schmerz, die Übelkeit, die Essstörungen nicht mehr wegdrängen, sondern die Verantwortung für all das übernehmen, was ich fühlte. Ich war bereit, von ihnen zu lernen, statt sie als falsch anzusehen und eliminieren zu wollen. Dies ist eine völlig andere Energie, denn sie hat Wünsche und Ziele, lässt aber gleichzeitig frei.

Frage dich jeden Morgen:

ÜBUNG

Wie geht es mir?

Wonach fühle ich mich gerade (Yin oder Yang)?

Was würde mir jetzt Freude bereiten?

Räume Zeit für die Verbindung von Körper, Geist und Seele ein, und dann lass dich überraschen, wonach dir ist.

Manchmal ist es wichtig, viel Ruhe zu haben, eher spielerisch und intuitiv zu sein (meist, wenn man davor über einen längeren Zeitraum im Yang-Überschuss gelebt hat), oder, im Gegenteil, sich selbst mehr zu verpflichten und mit Disziplin feste Rituale einzuführen. Ich habe meist für mehrere Monate eine ähnliche Morgen- und manchmal auch Abend-Routine, lasse aber immer auch Spielraum für Tage, an denen mir nach etwas ganz anderem zumute ist. Und wenn ich merke, dass die Routine mir nicht mehr dient, dann überlege ich, wie ich sie anpassen kann oder lasse sie gehen.

Was du tust, ist zweitrangig, wichtiger ist deine Intention. Wenn du dir Zeit für dich nehmen und dir Gutes tun möchtest, dann verabrede dich mit dir. Mach dich selbst dabei zur Priorität. Schreibe den Termin in den Kalender und verschiebe ihn nicht. Nimm ihn so ernst wie ein Bewerbungsgespräch und bleibe dabei so frei und spontan wie ein Kind auf dem Spielplatz.

>>Und dann muss man ja auch noch Zeit haben,
einfach dazusitzen und
vor sich hin zu schauen.<<

ASTRID LINDGREN

Was die Wahl meiner Körperarbeit angeht, bin ich stets meiner Intuition gefolgt. Dadurch bin ich manchmal zickzack gelaufen, aber es war das Beste, was ich tun konnte. Denn wir sind zyklische Wesen, ganz besonders wir Frauen. Wir sind wie der Mond, immer voll und ganz, aber auch einem Zyklus folgend. Jeden Moment ist alles anders. Das, was uns jetzt gerade guttut, wirkt morgen vielleicht schon ganz anders. Deswegen möchte ich dich einladen, stets deinem Herzen zu folgen und dich bei allem, was du tust, zu fragen, ob es dir guttut. Ob es sich (selbst wenn es erst mal schmerzt) gut anfühlt und deine Seele befriedigt. Ob dein Herz weit wird. Wenn du dich in diesem Bereich hauptsächlich von deinem Kopf leiten lässt, versuchst du, andere und ihren Heilungsweg nachzuahmen. Dann wirst du möglicherweise die Abzweigung zu deinem eigenen Weg verpassen. Mach dich deshalb auf die Suche nach dem, was dir guttut. Probiere Dinge aus und folge der Freude. Spüre nach, ob du gerade mehr Yin oder Yang brauchst, und dann informiere dich über die entsprechenden Methoden. Höre auf dein Herz, auch wenn dein Kopf aus sogenannten Vernunftgründen dazwischengehen will.

Und wie du dein Herz spürst? Geh noch einmal zurück

zum Thema Meditation und sieh dir an, welche Dinge du aufgeschrieben hast, die dir Freude bereiten. Dinge, die du stundenlang machen und über die du die Zeit vergessen kannst. Die du an deinen freien Tagen, an denen du alles tun kannst, was du möchtest, am liebsten machen möchtest. Schließe die Augen und spüre in dich hinein. Wie fühlt sich dein Körper an, während du das tust, was dir solche Freude bereitet? Nimm es wahr, beobachte es, und dann weißt du genau, wie es sich anfühlt, wenn du der Freude und deinem Herzen folgst. Nimm dieses Gefühl als das, was du immer öfter in dein Leben integrieren möchtest. Als deinen neuen Standard. Suche nach Heilung, und finde auch du dich selbst.

UND JETZT DU!
ES IST *DEIN* WEG!

»Sei dir deiner Kräfte, Bedürfnisse und Möglichkeiten bewusst. Dann wirst du auf dem Weg,
den du beschreitest, einen Gefährten haben.«

TIBETISCHES SPRICHWORT

WENN DU DICH NUN weiter auf deine ganz individu-
elle Reise zu dir selbst, hin zu deinem heilen Kern begibst, wünsche ich dir vor allem, dass du liebevoll mit dir bist. Auch wenn
du vielleicht das Gefühl hast, dich selbst noch nicht so richtig zu
lieben, so kannst du dich dennoch dafür entscheiden, gut mit dir
umzugehen. Sei deine eigene beste Freundin. Hör dir zu. Wenn
du im Innern mit dir selbst redest, sei warmherzig und unterstützend. Nimm dir Zeit für dich.

Umarme dich selbst, wenn sich gerade alles schwer anfühlt. Und wenn du doch mal wieder so gehandelt hast, wie du
es eigentlich nicht mehr tun wolltest, dann umarme dich erst
recht. Wann immer du das Gefühl hast, etwas nicht gut genug

gemacht zu haben, versagt zu haben, dich nicht ausreichend bemüht zu haben – nimm dich in den Arm. Du bist ein Mensch und nicht deshalb auf dieser Erde, um irgendeiner Illusion von einem angeblich perfekten Menschen zu entsprechen, sondern um perfekt du zu sein: du selbst, ein Teil dieses großen Ganzen.

INNERES WACHSTUM

Wir alle sind hier, um zu wachsen, und dazu gehören oft auch Wachstumsschmerzen. Es fühlt sich nicht immer leicht an, die eigene Wahrheit zu sprechen, ihr zu folgen, den Weg des Herzens zu erspüren und ihn zu gehen. Aber es dreht sich im Leben nicht darum, irgendwo anzukommen, sondern um diesen Weg selbst, mit all seinen Höhen und Tiefen. Es geht um das, was du auf dem Weg lernst. Um dein Wachstum. Denn dein Wachstum ist unser aller Wachstum. Wir alle wachsen mit- und füreinander.

Und ja, dieses Wachsen kann manchmal ganz schön anstrengend sein und sich ermüdend anfühlen. Auch wenn wir nicht länger mit dem Finger nach außen zeigen, sobald sich in uns etwas disharmonisch anfühlt, und stattdessen bei uns selbst schauen, heißt das nicht, dass es deshalb automatisch leicht wäre. Manchmal haben wir genug von all dem Lernen, Wachsen, Hinfallen und Wieder-Aufstehen, und auch das ist in Ordnung. In erster Linie braucht es vor allem dein Bewusstsein, dass du einfach nur bist. Und das reicht. Du bist, und du nimmst wahr, was es in dir denkt und wie es sich anfühlt. Das bedeutet nicht, dass du etwas damit machen musst. Und wenn du einmal müde bist und keine Lust auf die ganze Weiterentwicklung hast, dann gönne dir eine Rast. Denn du entwickelst dich so oder so weiter, auch wenn du das Gefühl hast, gerade stehen zu bleiben und nichts zu tun. Du tust immer genau das, was zum jeweiligen Zeitpunkt gerade wichtig ist für dich und die Welt.

FLOW Coaching

ACHTSAMKEITSÜBUNG FÜR DEN ALLTAG

Wenn du deine Achtsamkeit vertiefen und noch mehr im Hier und Jetzt sein möchtest, bei dem, was du gerade tust, möchte ich dir diese Übung empfehlen.

Nimm dir möglichst einmal am Tag drei oder fünf Minuten Zeit und beginne alles, was du tust, bewusst zu tun und in Slow Motion. Mache jede Bewegung, jeden Schritt so, als hättest du die Geschwindigkeit um mindestens zwei Drittel reduziert. Nimm deinen Körper wahr ... nimm wahr, wie es sich anfühlt, das Handtuch zu berühren, den Wasserhahn zu betätigen oder die Zahnpasta aus der Tube zu drücken. Nimm alles ganz bewusst wahr, und sage dir dabei während jeder Bewegung gedanklich drei Mal, was du gerade tust: »Bewegung, Bewegung, Bewegung.« Und wenn es in dir denkt oder du etwas fühlst, dann sage dir innerlich: »Denken, Denken, Denken« oder »Fühlen, Fühlen, Fühlen«, und dann kehre mit deinem Fokus wieder zu deiner Tätigkeit zurück, in dem gleichen langsamen Tempo wie zuvor.

Übe einmal am Tag ganz bewusst, im Moment zu sein und wahrzunehmen, was gerade ist. Das kann dir bei regelmäßiger Praxis dabei helfen, dich mehr auf das Hier und Jetzt zu besinnen, Stress zu minimieren und dafür innere Ausgeglichenheit und Ruhe zu stärken.

MUT

Gehe mutig voran auf deinem Weg. Sei dir dabei bewusst, dass Mut nichts ist, was ein Mensch hat oder nicht hat. Mut ist die Entscheidung, es trotzdem zu tun, obwohl du Angst hast. Angst ist völlig normal, wir alle kennen sie. Sie ist eine Emotion, die du in deinem Körper spüren kannst und die wie alle anderen Gedanken und Gefühle weiterzieht, wenn du sie lässt, mal früher und mal später. Lass sie einfach da sein, wenn sie sich zeigt. Sieh hin und nimm sie wahr als das, was sie ist:»Aha, da ist Angst.« Und dann lass sie los.

Du kannst die Angst spüren und trotzdem handeln. Du kannst auch die Angst vor Ablehnung spüren – und vielleicht sogar erkennen, wie sie mit deiner Kindheit zusammenhängt – und trotzdem deine Wahrheit sprechen. Weil du dich dafür entscheidest. Weil du nicht länger in den limitierenden Dimensionen deiner Glaubenssätze feststeckst, sondern voller Mut dein eigenes Leben kreieren möchtest. Weil du Selbstverantwortung übernimmst. Du kommst aus dem dunklen Kofferraum heraus wieder nach vorne auf den Fahrersitz deines Lebens geklettert. Du sitzt am Steuer und fährst los. Vielleicht fühlt es sich ein bisschen so an wie bei den ersten Fahrstunden, mit feuchten Händen und einem schnellen Atem. Wenn du Angst spürst, dann atme bewusst weiter. Nimm deinen Körper mit allen Empfindungen wahr, erkenne deine Gedanken und Gefühle an, und lass sie ziehen. Und dabei fährst du immer weiter. Denn im Gegensatz zu früher ist dir nun bewusst, dass du nicht diese Gedanken bist. Und dass alles, was kommt, auch wieder geht. Nichts ist jeden Moment gleich, alles ist ständig in Veränderung. Und so bist du umso dankbarer für die Momente voller Liebe und Freude und kannst auch die sich schwer anfühlenden M   ⁻ᵗᵃ als solche akzeptieren.

All diese Erfahrungen, all diese Emotionen sind ein wichtiger Bestandteil unserer menschlichen Erfahrung. Manche fühlen sich nach unserem Empfinden besser an als andere, aber in Wahrheit ist alles Energie, die kommt und geht. Die *erlebt* werden will.

VERTRAUEN

Wenn du dein Leben betrachtest, reflektierst und Veränderungen initiierst, dann sei dabei liebevoll zu dir selbst und entscheide dich dafür, auf diesem Weg vor allem dir selbst zu vertrauen. Kein anderer wird wissen, was deine Seele braucht, aber du trägst alle Antworten, alle Tools bereits in dir. Höre wieder auf diese innere Stimme aus dem Off, die noch bevor es dir bewusst wird, oft schon weiß, was gut für dich ist und was nicht. Baue eine Beziehung zu deiner Intuition auf, indem du ihre Impulse wahrnimmst – als innere Stimme, als Weisheit deiner Seele. Schenke dir Raum und Zeit dafür, dein intuitives Wissen zu erkennen und ihm zu folgen, wo es dir angebracht erscheint.

So wie du einem Kind, das Laufen oder Sprechen lernt, den Raum zum Wachsen gibst, so gewähre ihn auch dir selbst. Schaffe mehr Raum für dich, und dann wachse hinein. In deinem eigenen Tempo, zu deiner Zeit, auf deine Art und Weise. Strecke deine Fühler aus in alle Richtungen, probiere dich aus, lerne dich selbst besser kennen, und habe vor allem Spaß dabei.

Vielleicht sind die alten Muster längst verschwunden, weil du erkannt hast, wie sie zusammenhängen? Vielleicht sind die Schmerzen schon längst über alle Berge, und nur deine Erwartungshaltung, dass sie wiederkommen, deine Gedanken an sie lassen sie noch bleiben? Wer weiß das schon? Lass dich vom Leben und auch von dir selbst überraschen. Denn es ist so viel mehr möglich, als du dir bisher vorstellen konntest!

LERNAUFGABEN

Folge deinem Herzen, und setze dich nicht unter Druck. Wenn du deine bisherigen stressigen To-do-Listen gegen rigide Vorschriften tauschst, die dir auf deinem Heilungsweg helfen sollen, dann bist du weiterhin sehr im Yang und nicht im Flow mit deinem Herzen und deiner Seele. Lass dich lieber treiben. Lass dich überraschen, wohin es geht. Habe Ziele, aber lass sie auch los, indem du dich für das Vertrauen entscheidest, dass alles, was geschieht, letztlich immer für dich ist. Denn auch wenn es dir im Moment nicht so erscheint, wird das, was gerade ist, für dich im Großen und Ganzen wichtig sein für deine Entwicklung.

Wenn du dich nun aufmachst, hinaus in die Welt, mit neuem Blick und einem größeren Horizont, vielleicht noch etwas unsicher und am Ausprobieren – dann wünsche ich dir auch hierfür Mitgefühl. Für dich und deine Umgebung. Die meisten von uns (und da beziehe ich mich selbst mit ein) würden am liebsten immer alles, was wir an Neuem lernen, sofort mit unseren Liebsten teilen. Weil wir so begeistert sind, weil es uns guttut, möchten wir andere davon überzeugen. Das ist ganz natürlich, denn wir wünschen uns das Beste für sie – und so beginnen wir oft unser Umfeld zu missionieren. Meine Empfehlung an dich ist, dass du dir in aller Ruhe überlegst, mit wem du gerade über welche Themen redest. Dabei geht es nicht darum, dich zu verstecken oder nicht zu dir zu stehen, sondern vielmehr, behutsam mit deinen neuen Erkenntnissen und Gefühlen umzugehen. Für mich persönlich bewährt sich das immer wieder. Lass deine Taten für dich sprechen und teile das, was sich gut für dich anfühlt. Wenn wir uns auf eine unkonventionelle, spirituelle Reise nach innen begeben, dann bieten wir anderen damit auch eine große Projektionsfläche. Du wirst wahrscheinlich nicht nur Applaus ernten, sondern Menschen werden sich über dich ärgern, über deine Selbstfürsorge spotten oder mit den Augen rollen, wenn du dich so ernährst, wie es dir guttut, wenn du meditierst und visualisierst. Sei dir bewusst, dass du dich für dein eigenes Leben entschieden hast. Dein ganz persönliches Stück auf der Bühne des Lebens, in dem du der Protagonist und Regisseur bist. Du bestimmst, was passiert, und egal, wie gut, wie authentisch das Stück ist: Im Publikum sitzt vermutlich immer jemand, der etwas zu kritisieren hat. Weil er dort mit seiner ganz eigenen Brille des Lebens sitzt, in seinem eigenen Film, mit seinen eigenen limitierenden Glaubenssätzen. Das, was er über dich zu sagen hat, hat nichts mit dir zu tun, aber alles mit ihm selbst. Nimm einfach wahr, wie die Kommentare zu deiner Art zu leben sich anfühlen, und beobachte, was es mit dir macht. Wenn du mit starken Emotionen darauf reagierst, dann kann es sich lohnen, noch mal zu schauen, was du selbst in diesem Bereich an dir noch nicht gesehen und anerkannt hast.

Am Anfang meiner Reise, als ich mich zunehmend mit Spiritualität beschäftigte, habe ich wenig davon mit anderen Menschen geteilt. Als ich anfing, es mehr nach außen zu tragen, in die Öffentlichkeit auf Social Media, haben mich die negativ bewertenden Kommentare ziemlich getroffen. Weil ich es mir selbst noch nicht richtig zugestanden hatte, meinem eigenen intuitiven Glauben zu folgen. Weil ich Angst hatte vor Ablehnung, weil ich selbst noch am Suchen und erst dabei war, Vertrauen in meine eigene innere Stimme und in das Leben zu entwickeln. Wann immer ich also eine starke Abwehr in mir auf diese Kommentare gespürt habe, habe ich mich gefragt: Was kann ich hier gerade lernen? Was zeigt sich da in mir? Welche Angst? Und je mehr ich mich damit beschäftigt habe, desto selbstbewusster wurde ich, und die Angriffsfläche hat sich minimiert oder ist gar einer inneren Ruhe gewichen. Das bedeutet nicht, dass ich mich über abwertende Kommentare und Botschaften freue, aber ich kann sie als das anerkennen, was sie sind: ein Ausdruck der Innenwelt und der Themen des anderen. Und so wird das Leben immer leichter, wenn man überall dort bei sich aufräumt, wo sich etwas zeigt. Wenn man das, was kommt, einfach zulässt, anerkennt und weitergeht.

Solltest du beim Lesen dieses Buches gemerkt haben, dass dich manches aufgeregt hat, dass du eine Ablehnung gespürt hast, dann lohnt es sich, genau dorthin zu blicken. Nicht, um am Ende mit mir einer Meinung zu sein, sondern um herauszufinden, was deine Wahrheit ist, die hinter dem Schmerz und der Ablehnung liegt, die durch meine Worte getriggert wurden. Wenn du diese »Zwiebelschichten« abpellst, kannst du wieder klarer sehen, was wirklich deins ist. Und wenn das Thema erledigt ist, dann wird es dich weniger tangieren, dass ich vielleicht eine abweichende Meinung habe.

Vielleicht wirst du nach der Lektüre dieses Buches alles auf den Kopf stellen. Vielleicht wirst du aber auch erst einmal nichts aktiv in deinem Leben ändern. Wenn du auch nur einen neuen Gedanken für dich mitgenommen hast, dann kann dieser der Samen sein, der in dir wächst und aus dem zur richtigen Zeit ein großer, stattlicher, gut verwurzelter Baum wird. So wie es bei mir war, als ein neuer, wahrer Gedanke die Veränderung in mir ins Rollen brachte.

In diesem Sinne möchte ich dich gern zu einer letzten Übung einladen, die dich darin unterstützt, in deinen persönlichen Flow zu kommen.

ÜBUNG

FLOW Coaching

DEIN STARKMACHER

Wenn wir mehr Energie für Dinge einsetzen, die uns wichtig sind und guttun, fühlen wir uns vitaler, lebendiger und glücklicher und haben dadurch wiederum mehr Kraft für die Dinge, die uns guttun: Wir kommen in eine Aufwärtsspirale.

Wenn wir uns stattdessen mehr auf das konzentrieren, was uns Kräfte raubt, fühlen wir uns erschöpft und haben dann noch weniger Energie für das, was uns guttut: Wir kommen in eine Abwärtsspirale.

Wichtig vorab:
Ressourcen – also die Energien, die du nutzen kannst, um deine individuellen Ziele zu erreichen – sind immer individuell! Was für den einen eine Ressource ist, kann für einen anderen ein Stressor sein.
Benenne Ressourcen möglichst konkret, da oberflächliche Beschreibungen schlechter in die Praxis transportierbar sind.

ZIELE
- Ressourcen deutlich herausarbeiten, um sie bewusst zu stärken,
- mehr Ausgeglichenheit und Lebensfreude im Alltag,
- wissen, was man selbst für sich tun kann,
- eine übersichtliche Darstellung als Stütze für den Alltag.

LET'S FLOW

Sieh dir die verschiedenen Bereiche an und füge bitte je mindestens drei Ressourcen ein (nicht pro Frage, sondern pro Bereich).

MENSCHEN

Welche Personen sind dir wichtig, und was tust du gern mit ihnen?

Mit welchen Personen möchtest du mal wieder Kontakt aufnehmen?

Was magst du an deiner Familie? Vielleicht bestimmte Rituale, oder dass ihr euch immer aufeinander verlassen könnt?

———————————————————————————

———————————————————————————

———————————————————————————

DU & DEINE ZEIT

Wenn du einen ganzen Tag alles tun kannst, worauf du Lust hast, was machst du dann? Womit beschäftigst du dich am liebsten in deiner freien Zeit?

Was tut deiner Seele, deinem Körper gut?

Wann fühlst du dich vital?

———————————————————————————

———————————————————————————

———————————————————————————

LEBENSKARTE

Ziehe nun deine Lebenslandkarte hinzu (siehe Seite 114) und arbeite deine Ressourcen heraus:

Was hat dir in den herausfordernden Zeiten geholfen, wieder Kraft zu tanken? Was hast du getan, und welche Menschen haben dich gestärkt?

_____

_____

_____

DEIN INNERES KIND

Was hat dir als Kind besonders viel Freude gemacht?

Womit hast du am liebsten gespielt und dabei so sehr die Zeit vergessen, dass du nicht einmal mehr Hunger hattest?

Was waren deine Wünsche und Träume als Kind? Wo wolltest du einmal hinreisen, was wolltest du beruflich werden und was erleben?

Worüber hast du dich als Kind besonders gefreut?

_____

_____

_____

BONUSFRAGE

Was wolltest du schon immer einmal ausprobieren? Und was hast du schon lange nicht mehr gemacht, was du aber gern mal wieder tun würdest?

WIEDER IM FLOW

Sieh dir nun all deine Ressourcen aus den unterschiedlichen Bereichen an. Wenn du magst, dann finde auch gern einen für dich stimmigen Weg, sie auf deine Lebenslandkarte zu übertragen, vielleicht als Wurzeln, Zauberstab, Regenbogen oder was auch immer für dich passend ist. Und dann suche dir drei Starkmacher aus, an die du dich ab jetzt erinnern möchtest. Die du (wieder) in dein Leben einladen möchtest, damit du mehr bei dir und im Flow bist.

Wie wirst du dich ab jetzt an diese drei Ressourcen erinnern? Vielleicht durch eine Erinnerung im Handy, eine Notiz am Computer, ein Bild am Kühlschrank? Was kann dir dabei helfen, deinen Blick immer wieder auf diese Ressourcen zu lenken?

Je mehr du dir deiner Ressourcen bewusst wirst und sie stärkst, angefangen mit deinen drei Starkmachern, desto leichter wird es dir auf Dauer fallen, in Balance zu sein. Wenn es dir guttut, spazieren zu gehen, zu kochen und du immer mal Ukulele spielen lernen wolltest – dann erinnere dich genau daran, und tu es. In dem Wissen, dass es dir mehr Lebensenergie geben und dich somit auch in herausfordernden Zeiten unterstützen wird.

NUTZE DIE CHANCE

Die Reise zu uns selbst ist kein Wettrennen, es geht nicht ums Ankommen. Es geht vielmehr darum, bei sich selbst zu sein, das Leben mit all seinen Facetten zu erfahren und immer wieder neu die Erwartungen an uns, andere und das Leben loszulassen. Freude, Trauer, Wut, Angst – alles, was kommt, darf da sein und will einfach nur erlebt werden.

Umgib dich mit Menschen, die dein Herz berühren. Tu etwas für dich, für andere Lebewesen, für die Welt. Hab Spaß dabei. Genieße dieses Leben in seinen unterschiedlichen Farben. Gestalte dein Leben, wie ein Künstler eine Leinwand bemalt. Nutze die Chance, dieses Leben zu leben. Verschiebe das was dir guttut, was dir Freude bereitet, nicht auf später. Wenn du jetzt den Ruf spürst, etwas zu tun, dann mach es. Finde den Weg dorthin, folge deinem Herzen. Hör auf mit dem »Aber« und dem »Später«, denn das sind die zwei Wörter, die du am Ende deines Lebens vermutlich bereuen würdest. Verschiebe dein Leben nicht länger auf später, denn keiner von uns weiß, ob es dieses Später auch gibt. Wir gehen von einem Später zum nächsten, ohne zu merken, dass dieses Später immer das Jetzt war. Und vor lauter »Später!« haben wir das Jetzt verpasst. Willst du so leben? Nein? Das musst du auch nicht.

SCHRITT FÜR SCHRITT

In dem Jahr nach meiner Erkenntnis hatte ich konstant das Gefühl, mir – im übertragenen Sinn – Schuhe zu kaufen, die viel zu groß waren. Ich habe Dinge getan und geplant, die mir Angst machten. Die von meinem damaligen Standpunkt aus unmöglich erschienen. Aber ich habe sie jeden Tag visualisiert, mich mit ihrer Energie verbunden, bis ich auf meiner Yogamatte saß und vor Freude und Dankbarkeit weinte. Aus diesem Gefühl der Fülle heraus habe ich jeden einzelnen Tag kreiert. Ich habe begonnen das Leben spielerisch zu gestalten, nach meinen Wünschen und Regeln. Mein Leben hat sich von innen heraus in einem derart rasanten Tempo verändert, dass ich es manchmal kaum glauben konnte. Und selbst wenn ich mit Schmerzen im Bett lag, war ich so sehr im Vertrauen mit mir und meiner Intuition, dass ich wusste, das vergeht, und ich kann etwas daraus lernen. Ich war dankbar dafür, habe jedes Mal wieder etwas gelernt und diesen Zustand des Schmerzes als Momentaufnahme angenommen. Ich habe gelernt, Emotionen auf eine ganze neue Art und Weise zuzulassen und aus der Fülle heraus noch besser für mich zu sorgen. Weil ich es mir wert bin. Und weil du es mir wert bist. Denn ich wusste, dass ich heute hiersitzen würde, um meine Geschichte mit dir zu teilen und um dich, wenn du es möchtest, als Holistic Coach und vor allem als Soul Sister an die Hand zu nehmen und dich auch in dunklen Zeiten weiter zu begleiten. Du bist niemals allein. Wir alle gehen durch die Herausforderungen des Menschseins, und für niemanden fühlt es sich nur leicht an. Und wir alle können es schaffen. Wir alle können ein Leben kreieren, in dem wir glücklich sind. Aus uns selbst heraus. Du kannst jeden Moment etwas dafür tun, um deine Lebenskraft aktiv zu stärken und deine Lebensenergie fließen zu lassen. Nimm dir die Zeit dafür. Denn deine Zeit bist du.

Konzentriere dich auf die nächsten kleinen Schritte. Du brauchst keinen Master-Plan, in dem du jeden Schritt, der dich zu deinem Ziel führt, genau kennst. Alles, was du brauchst, ist die Bereitschaft, weiterzugehen und eine Idee für deinen nächsten Schritt in dir aufsteigen zu lassen.

Und wann immer du das Gefühl hast, rückwärtszugehen, sei dir bewusst, dass du gerade Anlauf holst und dir dabei noch einmal ansiehst, wie es dort ist, wo du nicht mehr hinwillst. Damit du dich ganz bewusst dafür entscheiden kannst, in eine andere Richtung zu gehen. Deine Wurzeln werden sich in diesen Momenten noch stärker in die Erde graben. Und dann geh einfach weiter. Einen Schritt nach dem nächsten. Vielleicht sogar mit einem Lächeln im Gesicht ... denn mit einem Teelöffel Zucker fand schon Mary Poppins alles leichter.

NACHWORT

ICH WÜNSCHE DIR, DASS du aus diesem Buch genau das für dich mitnimmst, was für dich hier und heute, in diesem Moment, wichtig ist. Beobachte, wo es dich hinzieht, folge diesem Ruf, gleich, ob du verstehst, wo er herkommt oder nicht.

Vielleicht hast du Lust, dich mit anderen Soul Sisters zu verbinden? Hier sind ein paar Kontakte aufgelistet:
#rememberURlight
#UareLIGHT
#LebenskraftON
#enter
#enterthenewchapter
#mynewchapter
#jetztLEBEN
#BEwhole

Wenn du nicht weiterweißt,
dann dreh dich noch mal im Kreis.

Wenn es stürmt,
dann wehre dich nicht gegen den Sturm.
Erkenne ihn an,
verweile einen Moment
und ziehe wieder weiter, wenn der Sturm vorüber ist.

Schenke dir die Liebe, Aufmerksamkeit, Anerkennung und das
Mitgefühl,
das du dir von anderen wünschst.

Trau dich hinzusehen,
es lohnt sich.
Wenn du nicht hinsiehst,
bleibt dir auch der Schatz verborgen.

Mach dich selbst zur Priorität.
Denn wenn du es nicht tust, wer soll es dann tun?

Du kannst jeden Augenblick neu wählen.
Jeder Moment ist auch ein Anfang.

Geh einfach los und vertraue darauf,
dass sich dir mit jedem Schritt mehr Wege auftun werden.
Denn Wege entstehen, indem wir sie gehen.

Hab den Mut, du selbst zu sein.
Mut, glücklich zu sein.
Mut, dich selbst zu lieben.
Mut, gesund zu sein.
Hab den Mut, den du dir wünschst.

Hör auf zu kämpfen
und beginne stattdessen das Menschsein zu umarmen.
In allen Farben und Facetten.
Denn all das ist die menschliche Erfahrung,
für die sich deine Seele entschieden hat, um zu wachsen.

Erst wenn du dem, was du denkst, Gewicht gibst,
kann es dich runterziehen.
Wenn du es loslässt,
dann ist es einfach nur ein Gedanke, der kommt und geht.

Schaffe dir den Raum,
in den du hineinwachsen willst.

So wie einen wunderschönen Garten,
so pflege auch deine Seele täglich.

Unser Herz weiß, was es will,
aber wir können es vor lauter Ideen und Zielen nicht mehr hören.
Mach dich wieder frei und höre hin!

Kreiere dein Wunschleben von innen nach außen,
statt dein Inneres vom Außen kreieren zu lassen.

Und wenn es nicht so wird, wie du es dir wünschst?
Dann wird es eben anders gut.

deine Andrea

DANKSAGUNG

GANZ BESONDERS DANKE ICH meiner Familie. Ich danke meinen Eltern dafür, dass sie mir ein Nest gebaut haben, in das ich immer wieder zurückkehren kann, aber mich auch frei in die Welt ziehen und meine eigenen Erfahrungen machen lassen. Ich danke dir, Papa, dafür, dass du mir gezeigt hast, dass man mit einem starken Willen sein ganzes Leben ändern und wieder sehen kann, dass die Blumen blühen. Ich danke dir, Mama, dafür, dass du mir gezeigt hast, wie eine starke Frau mit einem großen Herzen durch das Leben geht und sich für ihre Familie einsetzt. Ich danke dir, meine liebe Schwester, dafür, dass du immer für mich da bist und mich so annimmst, wie ich gerade bin, in all unseren Ähnlichkeiten und Unterschieden. Und ich danke dir dafür, dass du meinem größten Lehrer das Leben geschenkt hast, meinem süßen Neffen. Ihr seid die beste Familie, die ich mir hätte wünschen können, und nichts hätte anders sein sollen.

Ich danke Carina, meiner spirituellen Laufpartnerin, die meinen Weg nach innen so unverblümt und hautnah von der ersten Minute an auf Bali mitbekommen hat wie kein anderer.

Ich danke dir dafür, dass du mit mir gemeinsam groß denkst und die Welt veränderst.

Ich bin von ganzem Herzen dankbar für all die Höhen und Tiefen, die ich in diesem Leben bisher erleben durfte. Ich bin dankbar dafür, dass ich lernen durfte, auch durch die Dunkelheit zu gehen und andere Menschen in ihren schweren Stunden an die Hand zu nehmen. Deswegen danke ich an dieser Stelle all denen, die mir auf meinem Weg geholfen haben zu wachsen. Die mir Steine in den Weg gelegt oder mich unterstützt haben, sie wegzutragen. Danke an die Männer, die in diesem Leben mein Herz erobert und mit denen ich eine Zeit gemeinsam gehen und wachsen durfte. Ihr habt mich so viel gelehrt! Und danke an meine liebsten Soul Sisters. Dafür, dass wir, egal, ob nah oder fern, immer im Herzen beieinander sind und uns Schüler und Lehrer sein dürfen.

Ich danke Mama Bali und Mutter Erde. Ich danke Gott, dem Universum, der allumfassenden Liebe, wie auch immer ich es heute gerade nennen mag. Danke für diese unglaubliche Erfahrung, die ich auf diesem Planeten machen darf. Es ist mir ein Fest!

Ein besonderer Dank gilt an dieser Stelle auch Harald. Du, der du für mich wie ein großer Bruder bist, der mich damals an die Hand genommen und mir neue Horizonte aufgezeigt hat – ich danke dir für all dein Wissen, dein Verständnis, deine Großzügigkeit.

Danke auch an all die Lehrer in unterschiedlichen Gewändern, denen ich auf meinem Weg begegnete. Ein ganz besonders großer Dank gilt meinen beiden Coaching-Ausbildern und heutigen Freunden Angelika Gulder und Thomas Krombholz. All das, was ich von euch gelernt habe, ist unbezahlbar.

Ich danke auch jeder meiner wundervollen Coaching-, Retreat- und Workshop-Kundinnen, all den Schwestern, denen ich in meiner Arbeit begegnen durfte und mit denen ich mich seither im Herzen verbunden fühle.

Zu guter Letzt möchte ich meinem Verlag danken: Dank an Caroline Colsman und auch an Silke Bromm für euren Vertrauensvorschuss, den ich als Erstautorin genießen durfte, und danke für die Geduld mit mir auf dem gemeinsamen Weg dieses Projektes.

Und ich danke Angela, die mich beim Schreiben dieses Buches so tatkräftig unterstützt hat und ohne die es wohl nicht so rund geworden und nur halb so viel Freude gemacht hätte.

MEHR INSPIRATION

BUCHTIPPS

Bertold Bulsamer: Ohne Wurzeln keine Flügel. Die systemische Therapie von Bert Hellinger. München, Arkana 1999

Rhonda Byrne: The Secret. München, Goldmann 2007

Ruediger Dahlke: Krankheit als Symbol: Ein Handbuch der Psychosomatik. Symptome, Be-Deutung, Einlösung. München, C. Bertelsmann Verlag 2014

Dr. Joe Dispenza: Du bist das Placebo: Bewusstsein wird Materie. Burgrain, KOHA-Verlag 2014

R. A. Emmons & M. E. McCullough: Counting blessings versus burdens: An experimental investigation of gratitude and subjective well-being in daily life. *Journal of Personality and Social Psychology, 84*(2), 377–389, Washington 2003

Arun Gandhi: Wut ist ein Geschenk: Das Vermächtnis

meines Großvaters Mahatma Gandhi. Köln, Du Mont 2017

Angelika Gulder: Der Seelen-Navigator: In 7 Schritten zu deinem wahren Lebensplan. München, Arkana 2016

Angelika Gulder: Finde den Job, der dich glücklich macht: Von der Berufung zum Beruf. Frankfurt am Main, Campus 2013

Louise Hay und David Kessler: Heile dein Herz: Wege zur Liebe und Kraft bei Trennung, Verlust und Abschied. Berlin, Ullstein 2016

Dain Heer: Sei du selbst und verändere die Welt. Berlin, Scorpio Verlag 2014

Byron Katie: Lieben was ist. Wie vier Fragen Ihr Leben verändern können. München, Arkana 2002

Jack Kornfield: Stille finden in einer lauten Welt. Mein Weg der Achtsamkeit. München, Goldmann 2017

Safi Nidiaye: Gefühle sind zum Fühlen da: Das Handbuch vom positiven Umgang mit negativen Emotionen. München, Integral Verlag 2017

Osho: Freiheit: Der Mut, Du selbst zu sein. Berlin, Ullstein 2015

Osho: Mut: Lebe wild und gefährlich. Berlin, Ullstein 2010

Rosa Rechtsteiner: Familie im Gepäck – Wie Sie sich aus alten Mustern lösen und zum eigenen Leben finden. Ostfildern, Patmos 2015

Don Miguel Ruiz: Die vier Versprechen: Ein Weg zu Freiheit und Würde. Berlin, Ullstein 2011

Rüdiger Schache: Der geheime Plan Ihres Lebens: Woher, wohin, warum?. München, Goldmann Verlag 2013

Ronald Schweppe: Füttere den weißen Wolf: Weisheitsgeschichten, die glücklich machen. München, Kösel 2016

Michael A. Singer: Die Seele will frei sein. Berlin, Ullstein 2016

Stefanie Stahl: Das Kind in dir muss Heimat finden: Der Schlüssel zur Lösung (fast) aller Probleme. München, Kailash 2015

Stefanie Stahl: Jeder ist beziehungsfähig: Der goldene Weg zwischen Freiheit und Nähe. München, Kailash 2017

John Strelecky: The Big Five for Life: Was wirklich zählt im Leben. München, dtv 2015

Colin C. Tipping: Ich vergebe: Der radikale Abschied vom Opferdasein. Bielefeld, J. Kamphausen 2004

Eckhart Tolle: Eine neue Erde: Bewusstseinssprung anstelle von Selbstzerstörung. München, Arkana 2005

Eckhart Tolle: Jetzt! Die Kraft der Gegenwart. Bielefeld, Kamphausen Media GmbH 2010

Eva-Maria und Wolfram Zurhorst: Liebe kann jeder: Wie »Liebe dich selbst« im Alltag funktioniert. München, Goldmann 2018

SOCIAL MEDIA

Meine Website und den Podcast »Soul to go« findest du unter:
https://andrea-morgenstern.com
Instagram:
https://www.instagram.com/andrea_morgenstern/?hl=de

ENDNOTEN

1 Eckhart Tolle, *Jetzt. Die Kraft der Gegenwart,* Bielefeld 2010.
2 Diese Aufgabe ist inspiriert von der Life Map, wie ich sie während meiner Ausbildung zum Ganzheitlichen Coach bei Angelika Gulder gelernt habe (siehe Buchtipps auf Seite 236).

Von einer, die auszog, das Glück zu finden

352 Seiten. ISBN 978-3-424-63169-2

Marianne Power ist auf der Suche: nach persönlicher Erfüllung und dem wahren Sinn des Lebens. Das bringt sie auf die Idee, ein Jahr lang jeden Monat einen Lebenshilfe-Klassiker zu lesen und in die Praxis umzusetzen. Wie würde sich ihr Leben dann verändern? Könnte sie reich werden? Schlank? Sich verlieben? Produktiver und kreativer sein? Was Marianne Power dabei alles erlebt und wie diese Erfahrungen sie verändern, schildert sie hinreißend ehrlich, mit viel Selbstironie und dem typisch englischen Humor. Eine wahre Geschichte, zutiefst bewegend und inspirierend.

Überall, wo es Bücher gibt, und unter www.kailash-verlag.de

Der grüne Daumen
für die Seele

176 Seiten. ISBN 978-3-424-63177-7

Der renommierte Achtsamkeitslehrer Lienhard Valentin
zeigt uns, wie wir uns selbst mit mehr Verständnis
und Empathie begegnen und damit unser wahres Ich
zum Erblühen bringen. Die wichtigsten Tools hierfür
sind Selbstmitgefühl und Selbstreflexion.

In der Praxis erprobte Achtsamkeitsübungen und
Meditationen unterstützen den transformierenden
Prozess und schenken neue Kraft und Inspiration.

Von der Nr. 1 Bestseller-Autorin

288 Seiten. ISBN 978-3-424-63107-4

Stefanie Stahl hat einen neuen, wirksamen Ansatz zur Arbeit mit dem »inneren Kind« entwickelt: Er geht von dem verletzten »Schattenkind« aus, in dem unsere negativen Glaubenssätze und die daraus resultierenden belastenden Gefühle abgespeichert sind. Wenn wir Freundschaft mit ihm schließen, lässt sich das »Sonnenkind« befreien – unser lebenszugewandter, freudiger und starker Wesenskern, der glückliche Beziehungen und ein Leben in Fülle erst möglich macht.

Eine Bildergeschichte
zur Lösung (fast) aller Probleme

56 Seiten. ISBN 978-3-424-63181-4

Das erfolgreiche Therapiekonzept von Bestseller-Autorin
Stefanie Stahl in Form einer inspirierenden Erzählung:
Sonnenkind und Schattenkind begleiten die Arbeit mit dem
inneren Kind und eröffnen eine neue Perspektive auf
die Prägungen aus unserer Kindheit.

„Mit der Geschichte in diesem Büchlein möchte ich dir
zeigen, was du brauchst, damit du dich in der Welt
verstanden, geborgen und angenommen fühlst. Das ist gar
nicht so schwer. Du musst nur bereit sein, dich selbst
besser kennenzulernen." Stefanie Stahl

Überall, wo es Bücher gibt, und unter www.kailash-verlag.de